新 潮 文 庫

物部氏の正体

関 裕 二 著

新 潮 社 版

8836

はじめに

歴史に関心がない方ならば、「物部氏《もののべ》」と聞いても、「蘇我《そが》氏と仏教導入をめぐって争った一族のこと？」としか、興味を示されないかもしれない。

だが極論すれば、物部一族の正体を明かすことは、古代史の多くの謎《なぞ》を解き明かすことに通じている。それほど、重要な一族なのである。

だいたい、『日本書紀《にほんしょき》』には、

「物部氏は天皇家よりも先にヤマトに舞い降り、ヤマトを統治していた」

と記されているのだ。天皇家以前のヤマトの王家が物部氏の一族なのであり、彼らの存在を無視して、古代史を語ることは不可能なのである。

けれども、天皇家同様、物部氏の正体が杳《よう》としてつかめない。原因ははっきりとしている。『日本書紀』が物部氏の正体を抹殺してしまったからだ。

八世紀に編纂《へんさん》された正史『日本書紀』は歴史を改竄《かいざん》し、真実を隠蔽《いんぺい》するために記された。

そう断言してしまうのは、これが「正史」の本質だからである。歴史の勝者が自らの正当性、正統性を証明するために記すのが「正史」にほかならない。

したがってわれわれは、八世紀の朝廷がどのような秘密を握っていて、どのような史実を隠匿《いんとく》してしまったのかを追い求めていかなければならない。

『日本書紀』編纂の最大の目的はなんだったのか。それは、『日本書紀』編纂直前、古代最大の豪族が没落していることと無関係ではない。それが、今回お話しする物部氏なのである。

和銅《わどう》三年（七一〇）三月十日、平城京遷都《せんと》に際し、石上《いそのかみの》（物部《もののべの》）麻呂《まろ》は、藤原京の留守役に任命され、旧都に残された。問題は、石上麻呂がこのとき、下級役人ではなかったことだ。それどころかこの人物は左大臣であり、現代風にいえば、総理大臣なのである。

一国の宰相でありながら、旧都の留守役を天皇から命じられたのは、平城京遷都そのものが、静かなクーデターだったことを意味する。もちろん、石上＝物部潰《つぶ》しの陰謀にほかならない。仕掛けたのは、当時急速に力をつけつつあった藤原不比等《ふじわらのふひと》であろう。

これ以降、二度と物部氏は朝堂のトップに躍り出るようなことはなかった。『日本書紀』が書かれたのは、石上麻呂が藤原京に取り残されてから十年後のことであり、このタイミングから考えて、古代最大の豪族物部氏の活躍と素性が、すっかり抹殺されてしまった疑いは強い。『日本書紀』編纂の目的のひとつが、物部氏の正体を抹殺することでもあったろう。

それでは、物部氏の歴史の、何が、どのように湮滅《いんめつ》されてしまったというのだろう。

筆者はかつて、物部氏を「出雲《いずも》」という視点から見つめてきた。それは、出雲神と物部氏との間に、かすかなつながりを見出《みいだ》してきたからである。

しかしここにきて、物部氏は、

「出雲は出雲でも出雲ではないのではあるまいか」

と思うようになってきた。出雲神話の「出雲」は、旧国名の「出雲」を指しているのではなく、もっと広い地域の話をひとつにまとめたのであって、「物部」は、「神話の世界では出雲であったとしても、実際の地図の出雲ではない地域」からやってきた一族ではないかと思えてきた。それが具体的にどこかといえば、吉備《きび》である。

これまで筆者は、あえて「吉備」に関して沈黙を守ってきた。ヤマトの三世紀の纏《まき》向《むく》遺跡の発掘が進み、ヤマト建国に果たした吉備の重要性がはっきりしてきたとはいえ、それでは吉備の正体を言い当てられるかというと、自信はなかったのだ。ただ漠然と、「ひょっとして吉備の正体は物部ではないのか」と勘ぐってきたのである。だから、「吉備」について、多くを語らずにしまっておいたのだ。

だが今回、物部氏の正体を追い、ついに吉備と物部のつながりを確信したのである。

では、なぜ『日本書紀』は、物部氏と吉備の関係を抹殺してしまったのだろう。

もちろんそれは、物部氏の正体がばれてしまっては、せっかく『日本書紀』の構築した「虚構」が、すべて台無しになってしまうからだろう。

謎に満ちた物部氏の正体を、いよいよ明らかにするときが来たのである。

目次

図版作成　アイブックコミュニケーションズ
写真撮影　梅澤恵美子・関　裕二

物部氏の正体

第一章　ヤマトの神にもっとも近い物部氏

仏教を拒絶した物部氏

物部氏と聞いて真っ先に思い浮かべるのは、物部守屋《もののべのもりや》と蘇我馬子《そがのうまこ》の仏教導入をめぐるトラブルであろう。中学生でも知っている、日本史の大きな事件のひとつである。けれども、この混乱の中に、物部氏の秘密が隠されていることは、これまで語られることはなかった。

仏教を導入するかどうか、それはすでに、第二十九代欽明《きんめい》天皇の時代に、朝廷の重大議題に上っていた。いわゆる仏教公伝がこれである。

欽明十三年（五五二）冬十月、百済《くだら》の聖明王《せいめいおう》が、使いを遣わし、釈迦仏《しやかぶつ》の金銅像をヤマト朝廷にもたらし、仏法のありがたさを伝えようとした。

欽明天皇は喜ばれたが、一人で決めるわけにはいかないと、群臣を集めて意見を求めた。ここで蘇我稲目《そがのいなめ》は、

「西蕃《せいばん》諸国はみな礼拝しており、日本だけが背くわけにはいきません」

といい、これに対し、物部尾輿《もののべのおこし》と中臣鎌子《なかとみのかまこ》（中臣鎌足《なかとみのかまたり》とは別人）は、

「我が国の王家は、代々神々を季節ごとに祀《まつ》ってきました。もし今、蕃神《あたしくにのかみ》を祀れ

ば、国神《くにつかみ》の怒りを買うでしょう」

というので、天皇は蘇我稲目に仏像を譲り、ためしに祀らせてみることにしたのだった。

蘇我稲目は喜び、小墾田《おはりだ》の家に安置し、仏道の修行を積むとともに、向原《むくはら》の家を寺にした。

ところがここから混乱が起きる。国内に疫病《えきびょう》が流行し、多くの人々が亡《な》くなり、収拾がつかなくなってしまった。物部尾輿や中臣鎌子は、

「これこそ蕃神を祀ったことが原因だ」

と騒ぎ出し、一刻も早く仏像を捨てるべきだと奏上した。

天皇はこれを聞き入れ、役人が差し向けられ、仏像を難波《なにわ》の堀江《ほりえ》（現在の大川《おおかわ》、天満川《てんまがわ》）に流し捨て、寺に火をつけたという。寺は燃え尽き、何も残らなかった。ところがこのとき、理由もなく、宮（磯城島《しきしま》の金刺宮《かなさしのみや》）の大殿《おおとの》が火災にあったという。

こうして、物部と蘇我の対立は深まった。少し時代は下って、敏達《びだつ》十三年（五八四）秋九月。百済から弥勒《みろく》の石像ともう一体仏像がもたらされた。そこで蘇我馬子は、これらをもらい受け、ふたたび仏寺を建立《こんりゅう》し、高位の女性を得度《とくど》させて尼僧《にそう》にし、仏教の普及を目指した。するとふたたび、国中に疫病がはやり、多数の人びとが亡くな

ったという。

敏達十四年の三月、物部守屋と中臣勝海《なかとみのかつみ》は、

「疫病がはやり人びとがばたばたと死んでいくのは、蘇我臣《そがのおみ》が仏法を信仰しているからに違いありません」

と、天皇に訴えたのだった。敏達天皇はこれをもっともと思い、仏法をやめさせようとした。

物部守屋らは、寺を焼き、仏像を難波の堀江に捨てた。そして尼僧らを連行して、海柘榴市《つばいち》の駅舎《うまや》で、鞭打《むちう》ちの刑に処した。

敏達天皇は、蘇我馬子だけに仏法の信仰を許し、そのほかの人びとに広めることを禁じた。ここまでは、物部氏側の完璧《かんぺき》な勝利である。

ところが、敏達天皇は崩御され、蘇我系の用明《ようめい》天皇が即位すると、形勢は逆転する。

用明二年（五八七）夏四月、帝《みかど》は病に伏せられ、このとき群臣に詔《みことのり》していうには、

「私は三宝《さんぽう》（仏法僧）に帰依《きえ》しようと思う。みなで協議して欲しい」

すると物部守屋と中臣勝海は猛反発し、こう述べた。

「なぜ国神《くにつかみ》に背き、他神《あたしかみ》を敬われるというのでしょう。このようなことは、聞いたことがございません」

■■物部氏を見捨てた天皇?■■

蘇我馬子
（仏教推進派）

仏教導入によるトラブル

物部守屋
（仏教反対派＝神道派）

神道の中心的存在

天　皇

「神道もよいが、
仏教も捨てがたい」

物部氏を見捨てた!

これに対し蘇我馬子は、

「詔に従って帝をお助けするべきだ。異見を述べる余地などあろうはずもございません」

と、申し上げた。ここに、両者は一触即発の事態に陥る。物部守屋と蘇我馬子の宿命の対決は、このすぐのちに起きるのである。

なぜ天皇ではなく物部氏が神道《しんとう》に固執したのか

仏教導入をめぐって、物部守屋は蘇我氏を攻撃し、政局は混乱した。

どうにも不可解なのは、神道の中心に立っていたはずの天皇が「仏法を広めよう」といい、一豪族に過ぎない物部氏が「他神《あたしかみ》（異国の神）は排斥すべきだ」と頑固に拒んだことである。

これまでほとんど不審がられなかったが、これはどう考えてもおかしい。『日本書紀』に従えば、天皇家の正統性は、神道の神々の存在によって証明されているからである。天皇が、

「神道もよいが、仏教も捨てがたい」

といいだしたのはなぜだろう。物部氏が、

「いやいや、神道を守るべき」

と言い張ってくれたのに、これを見捨てたのは、どうにも解《げ》せない。こののち組織される物部守屋征討軍は、蘇我馬子が率いていたが、皇族が多数含まれていたのだから、異常な事態である。

それでは、天皇家になりかわり、物部氏が「国神（ようするに神道）」を守り抜こうと命を張ったのはなぜだろう。

じつは、この物部氏の「国神」に対する執着には、大きな問題が隠されているように思えてならない。というのも、「物部」の名そのものからして、「神」そのものを表しているからである。

物部氏といえば、ヤマト朝廷の軍事面に貢献した氏族として名高い。たとえば物部氏の祀ってきた奈良県天理《てんり》市の石上《いそのかみ》神宮は、朝廷の武器庫ではないかといわれてきた。「物部」と書いて「もののふ」と読むのも、物部と軍事のかかわりの深さを物語っていよう。

ただその一方で、「物部」の「モノ」は、「鬼」や「霊魂」を意味している。「もののけ姫」の「物《もの》の怪《け》」がまさに「物部のモノ」であった。アニミズムや多神教世界で

■■物部の名が表す意味とは?■■

物 部 •••▶「もののふ」とも読める

↓

軍事部門と深い関係

↓

物部が祀る石上神宮（奈良県天理市）は朝廷の武器庫ではないかと推測された

物＝モノ

「鬼」「霊魂」を意味する

↓

「精霊」「神」の意味になり、神道祭祀に深く関わる氏族は、「物」に精霊や神が宿ると信じ、やがて「モノ」が、「精霊」や「神」を意味するようになった。だから、「モノ」の一族物部氏が神道祭祀《さいし》に深くかかわっていた氏族であることは間違いない。

それはそうだが、天皇家よりも物部氏の方が「国神」を大切にしていたことは、やはり問題である。

物部系の文書『先代旧事本紀《せんだいくじほんぎ》』には、八世紀以降神道祭祀をほぼ牛耳《ぎゅうじ》っていく中臣氏も、じつは『日本書紀』の証言とは裏腹に、物部氏とともにヤマトにやってきたと記録している。

そうなると、八世紀初頭に物部氏が没落し、そのあとを受けて中臣氏が神道祭祀を継承したことになる。物部↓中臣と続く人脈に、神道をめぐる秘密が隠されていたということなのだろうか。

天皇家よりも先にヤマトに舞い降りた物部氏

物部氏の謎《なぞ》は、まだまだ続く。

最大の謎は、なんといっても物部氏が天皇家以前のヤマトの王だった可能性が高いことで、しかもこのことは、物部氏の「自称」ではなく、朝廷の正史『日本書紀』が認めているから不思議なのである。

話は初代神武《じんむ》天皇の時代にさかのぼる。

このあたりの話は後々重要な意味を持ってくるので、神武東征《とうせい》の状況を、『日本書紀』から抜粋してみよう。

さて、神武東征のいきさつを語るには、まず神話のあらすじを述べておかなければならない。

出雲《いずも》の国譲りを強要し、出雲神たちを追い払った天照大神《あまてらすおおみかみ》は、息子を地上界に降臨させようと思い立つが、ちょうど孫の天津彦彦火瓊瓊杵尊《あまつひこひこほのににぎのみこと》が生まれたので、この御子《みこ》を真床追衾《まとこおうふすま》にくるんで地上界に降ろした。

これが天孫降臨《てんそんこうりん》で、日向《ひむか》の襲《そ》の高千穂峯《たかちほのたけ》に舞い降りた天津彦彦火瓊瓊杵尊は、その足で吾田《あた》の長屋《ながや》の笠狭碕《かささのみさき》（野間岬《のまみさき》）にたどり着き、さらに南部九州で子孫を産み落としていく。子どもが彦火火出見尊《ひこほほでみのみこと》（山幸彦《やまさちひこ》）で、その子が彦波瀲武鸕鷀草葺不合尊《ひこなぎさたけうがやふきあえずのみこと》だ。さらに、その子どもが神日本磐余彦尊《かむやまといわれびこのみこと》（神日本磐余彦火火出見尊《かむやまといわれびこほほでみのみこと》）で、これがヤマト朝廷初代神武天皇である。

つまり、神話の世界から人間世界への境界線上に神武天皇が存在していたわけだが、この人物は南部九州からヤマトに向かったと『日本書紀』はいう。きっかけは、神武四十五歳のときのことだ（神武紀元前七年）。神武はみなに向かって、次のように語った。

「わが天祖《あまつみおや》が西のほとりに降臨され、すでに百七十九万二千四百七十余年が過ぎた。しかし、遠くはるかな地では、われらの徳もおよばず、村々に長《おさ》がいて境を分かち、互いに争っている。また、塩土老翁《しおつつのおじ》に聞いたところによると、東の方角に美しい土地があるという。四方を山に囲まれ、すでに天磐船《あまのいわふね》に乗って飛び降りた者がいるという。私が思うに、その地はかならず大業を広めるに適したところだろう。国の中心に相応《ふさわ》しい地に違いない。その舞い降りた者とは、饒速日命《にぎはやひのみこと》であろうか。そうであるならば、私がかの地に赴いて、都を作ろうではないか」

こう述べて、神武はこの年の十月五日、諸々《もろもろ》の皇子や軍団を率い、ヤマトを目指したのである。

神武は北部九州の遠賀川《おんががわ》付近に立ち寄り、さらに瀬戸内海沿岸を舐《な》めるように東に向かい、神武紀元前三年の春、難波碕《なにわのみさき》（大阪市中央区）にたどり着く。ここから淀川《よどがわ》を遡《さかのぼ》り、河内国草香邑《かわちのくにくさかのむら》（東大阪市日下《くさか》町）にいたり、ここから龍田《たつた》（奈良県北葛城《かつらぎ》郡王寺《おうじ》町）へ向かおうとしたが、道が狭いので引き返し、生駒山《いこまやま》を目指した。

ところがここで、ヤマト土着の首長・長髄彦《ながすねひこ》が噂《うわさ》を聞きつけた。

「天神《あまつかみ》の子がやってくるということは、我が国を奪おうとしているに違いない」

と考えた長髄彦は、兵を挙げて神武一行と対峙《たいじ》した。両軍は孔舎衛坂《くさえのさか》（東大阪市日下町）で戦い、神武の兄の五瀬命《いつせのみこと》はここで負傷し、苦戦を強いられた。

「私は日神《ひのかみ》の子孫なのだから、日（東）に向かって敵を討つのは、天の道に反していたのだ」

といい、大きく迂回《うかい》して、熊野《くまの》からのヤマト入りを目指したのだった。

途中幾多の苦難を味わいながら、ついに神武一行はヤマトの目前にまで迫ることができた。菟田《うだ》の高倉山（奈良県宇陀《うだ》市大宇陀《おおうだ》区守道《もち》）に登り、あたりを見渡した。すると国見丘《くにみのおか》（宇陀市と桜井市の境にある経ヶ塚山か）の上に八十梟師《やそたける》が軍団を従えて立っているのが見えた。敵は要害に陣を構え、とてもではないが、ヤマトにはいることはできそうにもなかった。

身内を殺して神武に恭順した饒速日命

するとこの晩、神武は夢を見た。天神《あまつかみ》が現れ、次のように告げたという。

「天香山《あまのかぐやま》(天香具山《あまのかぐやま》)の社の中の土を取って、天平瓮《あまのひらか》(平らな土器)八十枚をつくり、あわせて厳瓮《いつへ》(甕《かめ》)をつくり、天神地祇《てんじんちぎ》を敬い祀《まつ》れ。さらに厳呪詛《いつのかしり》を行え(呪《のろ》いをかけろという意味)。そうすれば、敵はおのずから平伏するであろう」

そこで、夢の通りに実行してみた。椎根津彦《しいねつひこ》(珍彦《うづひこ》)に卑《いや》しい服と蓑笠《みのかさ》を着せ、老父の格好にし、弟猾《おとうかし》に蓑《みの》を着せ老婆《ろうば》の格好をさせ、勅《みことのり》して天香山の土を取りにいかせた。二人が土を持ってこられるかどうかで、ヤマト入りが成就《じょうじゅ》できるかどうか、占ってみようというのだ。

敵兵が道にあふれていたが、二人の姿を見ると、「みっともないやつらだ」と大いに笑い、罵声《ばせい》を浴びせた。その隙《すき》を衝《つ》いて二人は山に至り、無事に土を取って帰ってきた。

こうして神武天皇は、八十平瓮《やそひらか》と厳瓮をつくり、丹生《にう》の川上(奈良県吉野《よしの》郡東吉野村小川)に登り、天神地祇を祀り、敵に呪いをかけたのだった。

さらに厳瓮の供物《くもつ》を召し上がり、兵を整えて出陣すると、敵は面白いように退治できたという。

ヤマトの賊を次々に破った神武は、最後に長髄彦を攻めた。

ここで長髄彦は、使いを遣わし、神武に次のように語らせたという。

「昔、天神の御子がいらっしゃいました。天磐船《あまのいわふね》に乗って天より降りてまいりました。名づけて櫛玉饒速日命《くしたまにぎはやひのみこと》と申します。わが妹の三炊屋媛《みかしきやひめ》を娶《めと》り、子ができました。可美真手命《うましまでのみこと》（『先代旧事本紀』では宇摩志麻治命《うましまじのみこと》）と申します。そこで、私は饒速日命を、君として仕えてきたのです。いったい天神は二人いるのでしょうか。あなたは天神の子を名乗り、人の土地を騙《だま》し取ろうとされているのではないですか」

これに対して神武は、

「天神の子は多くいる。もし、あなたが君主と仰ぐ人物が本当に天神の子であるというのならば、かならず、それを証明するものを持っているはずだ。それをまず示してみよ」

という。すると長髄彦は、饒速日命の天羽羽矢《あまのははや》と歩靫《かちゆき》を出して見せた。神武は、

「ウソではないようだ」

と語り、自分の持っている天羽羽矢と歩靫を見せた。

長髄彦はこれを見て、いよいよかしこまり、恐れ入ったが、戦いをやめようとは思わなかった。

このとき、ヤマトに君臨していた饒速日命は、天神が心配されているのは、天孫のことであることを知っていた。また、長髄彦の性格がねじれ、人のいうことを聞かな

いこともわかっていた。天神と人とはまったくちがうのだということをいくら教えても、わからないだろうと判断し、長髄彦を殺し、帰順してきたのである。

神武は饒速日命が天から舞い降りてきたことを信じ、また、この人物が長髄彦を殺し、忠誠を誓ったので、これを寵愛《ちょうあい》したという。この饒速日命が、物部氏の祖になったと『日本書紀』は伝えているのである。

これが神武東征の概略であり、八世紀前半に編纂《へんさん》された『日本書紀』は、これがヤマト朝廷誕生のいきさつだったと証言していることになる。

特別な存在物部がなぜ石見《いわみ》に逼塞《ひっそく》したのか

神武東征の謎は、物部氏の謎でもある。

『日本書紀』に従えば、神武天皇がヤマトに入るよりも早く、物部氏の祖・饒速日命がヤマトに舞い降り、土着の長髄彦の妹を娶り、君臨していたという。しかも、饒速日命は神武天皇とそっくりな神宝を持ち合わせていたのだ。それを見た長髄彦も、納得するのである。

これに従えば、『日本書紀』は物部氏と天皇家を同等とみなしていたことになる。

いったい、物部氏とは何者なのか。それだけではない。神武の大阪方面からのヤマト入りに際し、長髄彦は手勢だけで一蹴《いっしゅう》している。弱さをさらけ出した神武一行に対し、なぜ饒速日命は、抵抗しなかったのだろう。それどころか、ヤマトを守るために必死に戦った長髄彦を裏切ってしまったのはなぜだろう。饒速日命と神武が、同じ天神の子というのなら、なぜ長髄彦は、「饒速日命ならよくて、神武はいや」だったのだろう。

これと関連して無視できないのは、天皇家の祖神《そしん》が南部九州という僻地《へきち》に舞い降り、かたや饒速日命は、直接ヤマトに降臨していることだ。

さらに『日本書紀』は、饒速日命が天磐船に乗って降臨したとき、国見を行い、この地を「ヤマト」と命名したといっているのだ。そうであるならば、ヤマト建国の祖は、饒速日命に求められることを、『日本書紀』が認めていることになる。

このあたりの事情は、通説も認めていて、岩波書店『日本書紀　上』（五八三頁《ページ》）の補注には、次のように記している。

記紀《きき》・風土記《ふどき》を通じて、天皇・皇祖神《こうそしん》以外の国見説話はきわめて稀《まれ》であり、ここに物部氏の祖神という饒速日命の降臨と国見の伝承が見えるのは、大和朝廷における物

部氏の特異な地位を物語ろう（ルビは引用者）

と、物部氏が普通の豪族とは別格であることを認めている。

もうひとつ、重大な謎がある。

あらためて述べるまでもなく、『日本書紀』は天皇家の正統性を証明するために記された文書である（少なくとも建前上は）。そうであるならば、なぜ『日本書紀』は、「天皇家よりも先に、ヤマトには王が君臨していた」ことを、認めてしまったのだろう。

物部の手による創作を『日本書紀』が取りあげてしまった、と片づけることも可能だ。しかし、『日本書紀』が編纂されたのは、物部氏最後の大物宰相、石上《いそのかみの》（物部《もののべの》）麻呂《まろ》が藤原京に捨てられ、憤死したあとである。それならば、『日本書紀』は説話を修正し、天皇家にとって都合のいいように書きかえることもできたはずなのだ。そうしなかったのは、饒速日命が神武よりも先にヤマトに来ていたことが、「史実」だったからではなかったか。

物部の不思議な伝承は、『日本書紀』だけではない。

島根県大田《おおだ》市の内陸部に、物部神社があって、宇摩志麻遅命《うましまじのみこと》（『先代旧事本紀』では宇摩志麻治命、『日本書紀』には可美真手命《うましまでのみこと》を祀っている。この人物は饒速日命と長髄彦の妹・三炊屋媛《みかしきやひめ》との間の子で、『先代旧事本紀』によれば、神武に抵抗した長髄彦を殺したのは、この宇摩志麻治命だったという。

物部神社の伝承によれば、宇摩志麻遅命は、神武東征に際し、神武を助けたため、その功績が認められ、韴霊剣《ふつのみたまのつるぎ》を賜ったという。ヤマト建国ののちは、尾張《おわり》氏の祖・天香山命《あまのかぐやまのみこと》（『先代旧事本紀』では天香語山命《あまのかごやまのみこと》）とともに兵を率い、尾張、美濃《みの》、越《こし》（新潟県から北陸）を巡り、一帯を平定したという。

ちなみに、天香山命は、『日本書紀』によれば天皇家の系譜に連なるが、『先代旧事本紀』によれば、宇摩志麻治命の腹違いの兄で、やはり饒速日命の子どもということになる。どちらが正しいのか、よくわからない。

それはともかく、天香山命は越の伊夜彦《いやひこ》神社（弥彦《やひこ》神社。新潟県西蒲原《にしかんばら》郡弥彦《やひこ》村）にとどまり、この地の開拓にいそしんだ（墓は、弥彦山の山頂にある）。

宇摩志麻治命はさらに西に進み、播磨《はりま》、丹波《たんば》を経て、石見国《いわみのくに》に入り、この地の賊どもを平定すると、鶴降山《つるぶせん》に降りて国見をし、神社の背後の八百山《やおやま》が、ヤマトの飛鳥《あすか》の天香山（天香具山）に似ているところから、この地に居を構えたという。

なぜヤマト建国にもっとも貢献した物部氏の祖が、わざわざ石見の地に赴き、逼塞

■■神武東征の謎とは？■■

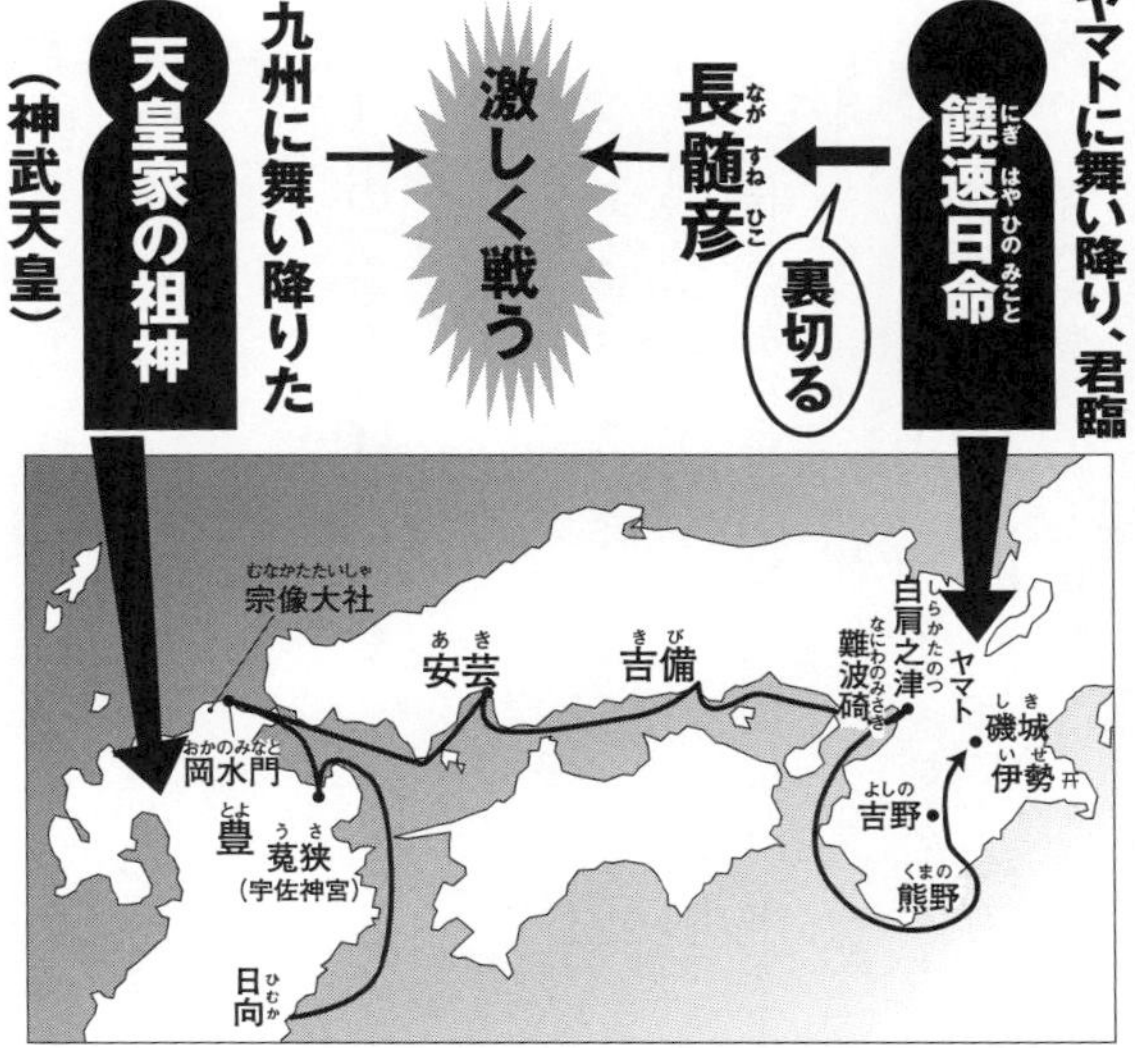

3つの謎

- 饒速日命がヤマトのために戦った長髄彦を裏切った謎
- 饒速日命が神武に抵抗しなかった謎
- 長髄彦が天皇の祖である神武に激しく抵抗した謎

する必要があったのだろう。

もちろん、通説は、このような神社伝承をまったく無視するが、物部氏自身が、「ヤマト建国後に石見にやってきた」と証言しているのであり、この伝承を、まったく無視してしまう必要はない。

天皇家は物部氏の祭祀《さいし》を踏襲している？

もうひとつ、『日本書紀』には書かれていないが、物部系の文書『先代旧事本紀』には、次のような記述が残されている。

宇摩志麻治命は、神武天皇がヤマトに入ったあと、天物部《あまのもののべ》を率いて各地を平定して歩いたという。その後神武天皇は宮を建て、即位し、ヤマト建国が果たされたのだが、このとき、宇摩志麻治命は天瑞宝《あまつみつのたから》を奉献し、天皇のために鎮祭《しずめまつ》りを執り行ったといい、これらのことから、天皇は宇摩志麻治命を寵愛したという。

また、朝廷の伝統的な正月の行事や即位、建都、践祚《せんそ》などの儀礼は、ほぼこのとき整えられたといい、神武天皇は宇摩志麻治命に、次のような詔《みことのり》を発している。

汝《いまし》の先考《みをや》饒速日尊《にぎはやひのみこと》、天《あめ》より天璽瑞宝《あめのしるしみつのたから》受来《うけきた》る。此《これ》を以《も》て鎮《しづめ》と為《な》し、年毎《としごと》に仲冬中《なかふゆなかの》寅《とら》を例《つね》と為《な》す有司事《つかさつかさこと》を行《おこな》い 永《ひたふる》に 鎮祭《しづめのまつり》と為《な》す。所謂《いはゆる》 御鎮祭《みたましづめのまつり》 是《これ》なり

この『先代旧事本紀』の記事は、物部氏の一方的な主張で、『日本書紀』にはまったく載っていない。しかし、これを無視することができない。代々物部氏が即位式などの朝廷の重要な儀礼に参画していたことは、数々の史料からも明らかだからである。たとえば、天皇即位後の最初の新嘗祭《しんじょうさい》である大嘗祭《だいじょうさい》では、神事の中で造酒童女《さかつこ》なる童女《どうじょ》がまず、儀式を執り行い、その次に、物部氏が参加する。このような例は、他の豪族には見られないことで、天皇家の儀礼と物部氏がいかに近い場所にいたかが明らかだ。

大嘗祭の前段のミソギの儀礼は、蛇を祖神とする古代の王の即位式、と指摘する吉野裕子《よしのひろこ》氏は、『大嘗祭』（弘文堂）の中で、次のように記している。

物部氏の祭祀そのものが天皇家によって踏襲されたことも考えられる。この場合も祖神の蛇の呪力《じゅりょく》を担《にな》うものとしての物部氏に対する記憶は、そのまま祭祀における物部氏の重用につながるのである（ルビは引用者）

この指摘は重要で、物部氏と宮中行事は、あらゆる場面で結びついてくるのである。

たとえば、旧暦の十一月に行われる鎮魂祭《たましずめのまつり》（タマフリ祭）では、天皇の魂を新しく力強くするための呪術《じゆじゆつ》が執り行われる。箱の中に木綿《ゆう》の糸を入れて、「一二三四五六七八九十《ひふみよいむなやこと》」と唱えて、これを十回くり返す。この秘儀は、天皇家のオリジナルというよりも、物部氏の呪術を拝借したのではないかと思われる。というのも、物部系の神を祀る石上神宮（奈良県天理市）にも、同様の呪術が残されているからだ。

「一二三四五六七八九十布瑠部由良由良止布瑠部《ふるべゆらゆらとふるべ》」

巫女《みこ》がこの祝詞《のりと》をあげ、鈴を鳴らして舞うのである（石上神宮「神拝詞《しんぱいし》」）。

天皇家に伝わる秘儀を、物部氏が勝手に借用している、という考えも可能だが、『先代旧事本紀』によれば、饒速日命とともにヤマトに舞い降りた天鈿売命《あまのうずめのみこと》の末裔《まつえい》の猨女君《さるめのきみ》が、鎮魂祭の日にこの祝詞をあげたのだと特記している。しかも、神武が宇摩志麻治命からもらい受けた饒速日命の天瑞宝《あまつみつのたから》は「十種神宝《とくさのかんだから》」でもあり、物部と数字の「十」は、深い因縁でつながっていた可能性が高い。

■■物部氏と朝廷の深い関係とは？■■

なぜ元明《げんめい》女帝は物部を恐れたのか

もうひとつ、物部氏と宮中神事のつながりで、取りあげておきたい例がある。『万葉集』に残されている、巻一の七六と、七七の歌がそれだ。和銅元年（七〇八）に詠《うた》われた二首である。

天皇の御製《おほみうた》

ますらをの鞆《とも》の音すなりもののふの大臣《おほまへつきみ》楯立《たて》つらしも

（大意）勇士が弓を射て鞆に弦《つる》のあたる音が聞えてくる。将軍が楯を立てて調練をしているらしい。

御名部皇女《みなべのひめみこ》の和《こた》へ奉《まつ》る御歌

わご大君物《おほきみもの》な思《おも》ほし皇神《すめかみ》のつぎて賜《たま》へるわれ無《な》けなくに

（大意）わが大君よ心配なさいますな。皇祖神が大君に副《そ》えて生命を賜わった私がおりますのですから。

（『日本古典文学大系4　萬葉集一』岩波書店　ルビは引用者）

最初の歌は、第四十三代元明天皇（在位七〇七～七一五）のもの、そして次の歌が、それに答えた姉の御名部皇女のものだ。

元明天皇は天智《てんじ》天皇の第四皇女で、天武《てんむ》天皇と持統《じとう》天皇の間に生まれた草壁皇子《くさかべのみこ》に嫁ぎ、軽皇子《かるのみこ》（のちの文武《もんむ》天皇）を産んでいる。この歌は、元明天皇が即位した年に詠われたものだ。

問題は、元明天皇が歌の中で、何かにおびえていることだ。

かつての通説は、翌年に東北や越後《えちご》地方で蝦夷《えみし》の争乱が勃発《ぼっぱつ》していること、平城京遷都《せんと》の直前で、人びとに多くの負担をかけ、世情が不安定だったのではないか、と考えていた。クーデターなどの変事が、いつ起きてもおかしくはなかったというのだ。

岩波書店の『萬葉集』の訓註は、これらの歌を「軍事訓練」とみなす。「もののふ」は「文武官人」の意で、古くは「武人」を意味していたとされ、厳《いか》めしく荒ぶる者たちの姿に、手弱女《たおやめ》たちが恐れをなした、ということになるのだろうか。

しかし、単純な軍事訓練であるならば、この女人たちの言動は奇妙だ。朝廷の正規軍が調練を行っても、不安定な世情から「帝をお守りする役目の兵士たち」なのだから、御名部皇女が皇祖神を引き合いに出してまで、「ご心配なされますな」と声をかける必要など、どこにもない。混乱を平定するための軍事訓練なら、これを「頼もしい」と詠うのが、常識的な判断ではなかろうか。

ではこの歌、どう解釈すればよいのだろう。

上山春平《うえやましゆんぺい》氏は『神々の体系』（中公新書）の中で、「もののふは、物部」と喝破した。万葉集の原文には「物部大臣」とあり、この時代、まさに石上（物部）麻呂が大臣として活躍していたのだから、元明天皇らが恐れた「もののふ」が、石上麻呂であった可能性は高いからである。

しかも、これは軍事訓練などではないだろう。「楯を立てている」のは、『先代旧事本紀』にある、物部氏が執り行った即位儀礼にそっくりだ。

大嘗祭に物部氏が大楯を立てることは、『延喜式《えんぎしき》』に明記されているから、どこからどう見ても、「楯を立てるもののふ大臣」は、石上麻呂であろう。

蛇（出雲）とつながる物部

まずここで、兵士たちの仕草が何を意味しているのかを考えてみよう。興味深いのは、「弓の弦を鳴らす仕草」である。

時代は少し遡《さかのぼ》る。舒明《じょめい》九年（六三七）というから、蘇我氏全盛時代の話。この年、蝦夷が背いて朝貢《ちょうこう》してこなかったので、上毛野君形名《かみつけのきみかたな》を将軍に命じ征討に向かわせた。ところが逆に成敗されてしまい、兵士たちは散り散りになって逃げていった。形名は、砦《とりで》に逃げ帰り、賊に囲まれてしまったという。

途方に暮れ、逃げようとする形名を押しとどめたのは妻だった。

「後世の笑いものになってよいのですか」

と、夫を叱責《しっせき》し、酒を飲ませて夫の剣を奪うと、十本の弓を張って女人たちに弦を鳴らさせ、夫とともに討って出たのだった。蝦夷たちは驚き、大軍と勘違いし、退散したという。

蝦夷が恐れ逃げ出したのは、たんに音声が大きかったからではない。弓の弦を鳴らすのは呪術であり、三輪山《みわやま》（奈良県桜井市）の神を呼び出す特殊な神事とされている。蝦夷たちは三輪の神の神威に怯《おび》えたのである。

物部氏の呪術が「蛇信仰」に由来するというのが吉野裕子氏の考えだが、三輪山の麓《ふもと》の大神《おおみわ》神社は、三輪山を祀《まつ》るとともに、御神体は「蛇」と称している。だから、大神神社では、地元の人びとが、蛇の好物、鶏卵をお供えに置いていく。

大神神社の主祭神は大物主神《おおものぬしのかみ》で、『日本書紀』には、この神をめぐる次のような話が残される。

第十代崇神《すじん》天皇の時代、ヤマトを代表する巫女・倭迹迹日百襲姫命《やまとととひももそひめのみこと》は、大物主神の妻になったという。ところが大物主神は、夜にならないと現れない。そこで倭迹迹日百襲姫命は、「姿を拝見したい」と懇願する。

大物主神は、それならばと、

「明日櫛笥《くしげ》（化粧箱）に入っているが、私の姿を見ても、驚かないで欲しい」

と告げた。翌日、櫛笥の蓋《ふた》を開けてみると、そこには小蛇《おろち》がいた。驚いた倭迹迹日百襲姫命は、思わず叫んでしまった。人の姿にもどった大物主神は、「恥をかかされた」といって、三輪山に帰ってしまったという。倭迹迹日百襲姫命は悔いて力が脱け、どすんと尻餅《しりもち》をついてしまった。その拍子に、ホト（陰部）を箸《はし》で突いて亡《な》くなられてしまった。

人びとは倭迹迹日百襲姫命を大市《おおいち》（桜井市北部）に葬《ほうむ》った。そこでこの墓を「箸《はし》墓《はか》」と呼ぶようになったという（考古学的には箸中山《はしなかやま》古墳《こふん》と呼ぶ）。

このように、三輪山の神は「蛇」であり、大物主神の「モノ」と物部氏の「モノ」が重なるのは、偶然ではなさそうである。

■■三輪山と物部氏の深いつながりとは?■■

大《おお》神《みわ》神社(奈良県桜井市三輪山麓)

物部氏とつながるものが多い

主祭神

大物主神 → 物部氏

御神体

蛇 ‥▶ 物部氏の呪術

『先代旧事本紀』は、饒速日命から続く物部氏と尾張氏の系譜や業績を詳しく述べる歴史書だが、出雲神素戔嗚尊《すさのおのみこと》の神裔《しんえい》である大神氏らの系譜も、並記しているところに特徴がある。

物部と神話の「出雲」の間に、かすかなつながりを見出《みいだ》すことができる。

祟《たた》る神を招き寄せる物部氏

さて、弓の弦を鳴らす所作が「三輪の神＝大物主神」を呼び起こす呪術であることがわかった。そして、物部氏と出雲の間には、かすかな接点を見出すことができたのである。そこでようやく例の万葉歌の意味について、考え直すことができるようになった。

問題は、なぜ手弱女たちが怯えているか、ということだろう。御名部皇女《みなべのひめみこ》が皇祖神の名を挙げたのは、神の力をあてにしたからであり、石上麻呂の率いる兵士たちが鞆に弓の弦を当てて音を鳴らしていることに、二人は怯えているのである。

すでに触れたように、これは三輪山の神を呼び覚ます呪術であり、石上麻呂が盛んに兵士に弦を鳴らさせていたようだ。

女帝が怯え、御名部皇女が励ましていたのは、石上麻呂が怒りに震え、この「呪術」が脅しだったからではなかろうか。

なぜ石上麻呂が怒っていたのかといえば、ヒントはこの歌の中に隠されている。女帝らはおそらく即位儀礼か大嘗祭の最中だったのではなかろうか。というのも、物部が楯を立てるのは、そういう特別な儀式でのことだからだ。

ところが、歌は奇妙な状況を説明している。それは、遠くで弓の弦が鳴る音がしている。きっとあれは、物部大臣に違いない、というのである。

帝のそば近くに侍《はべ》り、帝のために楯を立てる役目を負っていたはずの物部が、儀礼の場にいないことは問題である。

石上麻呂はこの二年後に、藤原京に捨てられる。そうであるならば、このときすでに、邪魔者扱いされていたのではなかったか。そう考えると、この歌の真意がストレートに伝わってくる。

元明天皇は藤原不比等《ふじわらのふひと》の手で即位させられたのだろう。そして、伝統的な行事から、石上麻呂ははずされ、遠巻きに抗議の大音声を発していたと考えられる。だからこそ、元明天皇は怯えていたことになる。

しかも、石上麻呂は、楯を立てるだけではなく、三輪山の神を呼び覚ます呪術を執り行っていたわけである。その三輪山の神は大物主神で、この神は、祟る恐ろしい神であった。そのことは、正史や他の文書も認めている。

第十代崇神天皇の時代、疫病《えきびょう》の蔓延《まんえん》と天変地異で多くの人びとが死んでいるが、それは大物主神の意志であったと『日本書紀』には記録されている。『古事記』にも同様の記事が残る。

それはそうだろう。朝廷に楯突く蝦夷《えみし》たちも、大物主神の神威には恐れおののいたのである。大物主神は恐ろしい神だったに違いない。それをアラジンのランプから登場させるように自在に扱えたのが物部氏とすれば、天皇家も、物部氏には一目置かざるを得なかったということであろう。

天皇家と物部氏の不思議な関係

天皇家と物部氏は、不思議な関係にある。

『日本書紀』や『古事記』の記述に従えば、神武天皇は、九州からヤマトに向けて「東征」したことになる。いかにも神武がヤマトを武力で圧倒したかのような印象を受けやすい。ところが、『日本書紀』の文面を丁寧に読み直すと、物部氏がむしろ折れる形で神武に王権を禅譲《ぜんじょう》したことがわかる。このあたりの事情がどうにも不自然なのだ。

問題はこれだけに終わらない。『先代旧事本紀』は、この時の王権の入れ替えを、単純な禅譲ではなかったという。すでにふれたように、饒速日命《にぎはやひのみこと》の授けた神宝が、王権継承のレガリア（王家の標章となる器物）であるかのように、新たな王家はありがたく受け取ったのだと『先代旧事本紀』は記録しているのである。

どうやら物部氏の恭順は、ただ単に神武の武威、霊威にひれ伏したということではなさそうだ。

「物部」の古代史に占める重大性をはっきりと打ち出した一人に折口信夫《おりくちしのぶ》がいる。天皇は代々、太陽神・天照大神《あまてらすおおみかみ》から受け継がれた霊（天皇霊）を継承するが、さらに別の霊を取り入れているのだと折口は考えたのである。

天皇は「容《い》れ物」という折口は、天皇霊だけではなく、群臣から差し上げる「霊」があったとし、それが「大和の国の魂」であり、もっと具体的にいうと、「大和の魂」は「物部の力」なのだとする。

なるほど、たしかに神武天皇は、「ヤマトの物部の神事」を、そっくりそのまま模倣することで、ヤマトに受け入れられたようなところがある。物部の「作法」を取り入れるほどなのだから、物部の祀る神も尊重したであろうことは、想像に難くない。

では、神武天皇のどこに、「物部を受け入れた」場面があっただろう。それが、天香山の土を取ってきた、というドラマティックな設定だったように思われる。

強固な陣を敷く「賊」を目の当《ま》たりにして、神武は「とてもではないが、これを突破することはできない」と感じる。ところがその晩、神武は夢を見たのだ。神が、「こうすればいい」と、妙案を授けたというのである。もちろんそれが、天香山祭祀《さいし》なのだが、この設定、ようするに、ヤマトの王＝物部が、神武のヤマト入りに対し突きつけた「条件」と読みとることができる。すなわち、物部が執り行っていた祭祀を、神武が踏襲するならば……、ということである。

なぜこのようなことがいえるかというと、神武の「半ば強制的に」実行させられた祭祀は、まさに物部のそれに酷似していたからである。

第十代崇神《すじん》天皇の五年のこと、『日本書紀』には国内に疫病がはやり、人口が半減し、百姓《おおみたから》は流浪《るろう》し、朝廷に背くものがあとを絶たなかったとある。崇神天皇は天神地《てんじんち》祇《ぎ》を祀ったが、なかなか効果は上がらなかった。

崇神七年。天皇は神浅茅原《かむあさじはら》（桜井市茅原《ちわら》）に行幸され、八十万《やそよろず》の神々を集めて占いをされた。すると倭迹迹日百襲姫命《やまとととひももそひめのみこと》（こののち大物主神と結ばれるあの女人）に神が

憑依《ひょうい》し、

「私を祀れば万事うまくいく」

と、神託を下したのだった。

名を問うと、「倭国《やまとのくに》の大物主神」と答えたという。

大物主神は、国がうまく治められないのは、「吾《わ》が意《みこころ》なり」といい、「わが子」の大《おお》田田根子《たたねこ》を探し出し、私を祀らせれば、万事うまくいくだろう、と教え諭した。

そこで崇神天皇は、神託のままに行動し、茅渟県《ちぬのあがた》の陶邑《すえのむら》（大阪府堺《さかい》市と和歌山県境付近）で、大田田根子をみつけたという。

そこで崇神天皇は、物部連《もののべのむらじ》の祖・伊香色雄《いかがしこお》を神班物者《かみのものあかつひと》（神に捧げものをする人）にしてもよいかどうか占うと、「吉」と出たので、伊香色雄に命じて、物部八十手《もののべのやそて》（物部の多くの人々）が作った神祭之物《かみまつりのもの》を用いて、大田田根子に大物主神を祀らせたところ、平穏が訪れ、国に賑《にぎ》わいが戻ったというのである。

一方、『古事記』にも、同様の記事が載る。

この中で伊迦賀色許男命《いかがしこおのみこと》（伊香色雄命）が作った神を祀る道具は、「天《あめ》の八十毘羅訶《やそびらか》（八十平瓮）」だったとある。これは、「神聖な多くの平たい土器」を意味している。

天皇は物部の祭祀形態を継承することを条件にヤマト入りした？

さて、物部の祖・伊香色雄が用意した平たい土器は、その後も多くの皇室の重要な祭祀に用いられている。その中のひとつが伊勢《いせ》神宮の祭祀である。

伊勢神宮には、秘中の秘とされる謎《なぞ》が隠されている。それが心《しん》の御柱《みはしら》（忌柱《いみはしら》、天《あめ》の御柱《みはしら》）で、正殿の床の下に、人知れず、にょきっと建っている木柱である。

心の御柱には五色の布がまかれ、榊《さかき》で覆《おお》われている。どれほど大事な柱かというと、二十年に一度の遷宮《せんぐう》に際し、まず心の御柱用の木材の伐採からすべてが始まることからも察せられる。また、遷宮ののち、旧正殿の心の御柱のあとには、小さな宮が建てられ、守られていくのである。

しかも、心の御柱は、一般の神職では祀ることができない。大物忌《おおものいみ》という特別の童女しか、近寄れないのである。

この心の御柱に五色の布が巻かれているのは、陰陽《いんよう》五行の思想から来ているとされ、御柱そのものは、宇宙の中心を意味する「太一《たいいつ》」のことだろうと考えられている。

また、もっと原始的な「リンガ（男根）」が、元来の形で、だからこそ童女が神に

■■天皇にまつわる祭祀と物部氏のつながりとは?■■

物部の祖・伊《い》香《かが》色《しこ》雄《お》が作った

「天《あめ》の八十《やそ》毘《び》羅《ら》詞《か》」••▶神聖な平たい土器

▼

天皇家にまつわる祭祀には

必ず「平たい皿」が登場

↓

物部氏の祭祀を継承することを条件に

＝

ヤマトの王権が禅譲された

奉仕し「聖婚」する、という指摘もある。

ようするに、伊勢における祭祀形態には、いくつもの時代の文化が重なっているのであって、心の御柱をひとつの原理だけで解き明かすことはできないようである。

ただ問題は、童女・大物忌が行う祭事である。というのも、大物忌は、心の御柱に食事を供し、自らも食すのだといい、また、心の御柱の周囲には、おびただしい数の平瓮（八十平瓮）が積み上げられているのだという。

この、大物忌の行動の中で、「神に食事を供し、自らも食す」という仕草は、大嘗祭における天皇の行動と同じだ。

それだけではない。神武天皇も、心の御柱祭祀と同じことをやっている。すでに記したように、神武は天香山の土で焼いた八十平瓮で神を祀り、神に食事を供し、自らも食すと、負けない体になったことを確信したのである。

また、崇神天皇の時代には、大物主神を祀るために、物部氏は天の八十毘羅訶（八十平瓮）を用意した。

このように、天皇家にまつわる祭祀には、必ずといっていいほど平たい皿が登場し、しかも、この皿と物部氏は、強くつながっているわけである。

そして、ここで神武天皇のヤマト入りを思い浮かべれば、この祭祀形態を神武天皇がヤマトに持ち込んだのではなく、ヤマトの神に命じられたのであり、それはなぜかといえば、天皇家が物部氏の祭祀形態を継承することを条件に、ヤマトの王権を禅譲されたと読み解くことができるのである。

物部こそヤマトの神にもっとも近い一族?

「神道《しんとう》といえば、天皇家」というのがこれまでの常識であった。『日本書紀』も、太陽神・天照大神から続く天皇家の系譜を掲げ、「天皇は神の子」と主張してきたのだから、当然のことだ。だが本当は、物部氏こそ、ヤマトの神にもっとも近い一族ではなかったか……。物部氏の祖が、いち早くヤマトに舞い降り、ヤマトの宗教観を形成し、この宗教観を継承することを条件に、神武天皇はヤマト入りを許され、ヤマトの王権を禅譲されたのではなかったか。

もちろん、「神道」という宗教観そのものの実態はない。けれども、ヤマト朝廷誕生以来、ヤマトの王家が守り続けてきた伝統的な宗教観を仮に神道と呼ぶとするならば、神道の原型を完成させたのは、天皇家ではなく、物部氏だったのではないかと思えてくるのである。

たとえば、物部氏が「モノ」を名に負ったことからして、彼らの正体を明らかにしているように思われる。「モノ」は、神や精霊を意味しているからである。

では、なぜ「モノ」が神とかかわりを持ってくるのか、ここでもう少し詳しく、日本人の宗教観について、述べておかなければならない。

絶対の正義を頂く一人の神によってこの世界が作られたというのが、一神教だ。一神教世界から見れば、日本のような、そこかしこに神がいる（八十万《やそよろず》の神）という多神教世界は、進歩の過程にあるということになる。というのも、一神教世界は、アニミズム→多神教と来て、最後に一神教へと変化していったからである。

また、多神教世界が一神教世界と出会うと、ほとんど例外なく、一神教世界に呑《の》みこまれてしまうものだから、一神教世界から見れば、多神教は野蛮で愚かに見えたのだ。

それはなぜかといえば、一神教が「唯一《ゆいいつ》絶対の神」を頂く宗教観だから、自らの行為を「神の正義」「唯一絶対の正義」と正当化し、平然と他民族を虐殺《ぎゃくさつ》し、支配し教育し、奴隷《どれい》にすることができるからである。

この点、単純明快な正義を持ち合わせない多神教世界は、じつに脆弱《ぜいじゃく》だ。幕末の徳川幕府が砲艦外交に屈し、明治政府が「一神教化」し、過去の日本を恥じたのも、同様の理由からだ。

しかし、一神教の独善が、今日の世界の混迷を招いたことは間違いなく、地球規模の環境破壊も、一神教的発想の仕業であり、次第に一神教的発想の限界が見え始めていることは、あらためて述べるまでもない。多神教が見直される時代が、ようやく訪れたのであり、この自覚を多くの日本人が早く持つべきなのである。

それはともかく、太古の日本は、いうまでもなく多神教世界そのものだったが、その発想の根源には、アニミズムがあった。至るところに精霊や神は宿るという思想であり、信仰である。

路傍の石、降りしきる雨、至る所、ありとあらゆる物質や現象には、精霊や神が宿る。だから、日本人にとって、「物（物質）」もまた、「神」そのものだったのだ。「物《もの》の怪《け》」の「物」や、「物狂い」の「物」が、まさにこれである。

物に精霊が宿るところから、「物」は「神（精霊）」と同意語になった。

一方、太古の人間の考える「神」には、二面性があった。人びとに恵みをもたらす神と、人びとに災いをもたらす恐ろしい神である。

この二面性を理解していただくには、雷神の例がわかりやすい。

雷神は祟り神の象徴的存在として恐れられたものだ。これは当然のことで、落雷は天からやってきて、有無をいわさず人の命を奪う。

ところが、雷神も、悪さばかりをするわけではない。日本人にとって大切なお米は、稲穂《いなほ》に雷が落ちなければ、実らないと信じられていた。稲の精と雷の精が結びつかなければ、子＝稲穂は実らないという発想だ。そこで、雷光を「稲妻《いなずま》」というのである。

こう考えると、雷神は、「祟る神」と「実りをもたらす神」の二面性を秘めていたことがわかる。神話の中で出雲神の祖・スサノオが、高天原《たかまのはら》で鬼のように大暴れをしたかと思うと、出雲では穏やかな神となり、必死に国づくりに励んでいたのも、多神教的な発想ゆえである。一神教世界では「悪魔」は絶対の悪であるのに対し、日本の民話では、時に「鬼の中にはいいやつもいる」という話が混じるのは、多神教的発想に彩《いろど》られているからなのである。

このように、物部の「モノ」は、「神」の「モノ」であった。そして、「神」には、表と裏、「神と鬼」の二面性があったことになる。

問題は、八世紀に物部氏が没落し、『日本書紀』が編纂《へんさん》されると、「神」と「鬼」が明確に峻別《しゅんべつ》され、また、新たに創作された神話の中で天皇家の敵は、「まつろわぬ鬼」のレッテルを貼《は》られてしまったことだ。ここで物部氏は「鬼の一族」に零落したのである。

だが、それはそうであろうとも、物部氏が「モノ＝神＝鬼」の名を背負っていたこと自体、この一族が「神にもっとも近い一族」であったことを、雄弁に物語っているのである。彼らは正統な神の一族だったからこそ、八世紀の政争に敗れ、鬼のレッテルを貼られたのである。

では、なぜ天皇家が物部氏の宗教観を継承しなければならなかったのか、なぜ物部氏は神武天皇以前のヤマトの王でありながら、神武に王権を禅譲し、しかも、神武に「物部の宗教観を継承させること」にこだわったのだろう。そしてそれがなぜ可能だったのだろう。

以下、次章から、物部氏の謎を解明してみようではないか。

第二章　物部氏はどこからやってきたのか

物部氏の謎《なぞ》

神武《じんむ》東征《とうせい》を根拠に、物部と天皇家の不思議な関係を述べてきたが、読者の中には、違和感を持たれた方も少なくないと思う。

それは、「そもそも神武天皇自体、八世紀の『日本書紀』の創作した架空の話ではないのか？」という考えからだろう。それは、戦後史学界の「普通の考え」「常識」でもあった。

それに、もうひとつ細かいことも付け加えるならば、「物部氏の存在は、ヤマト建国時まで遡《さかのぼ》ることが可能なのか」という疑念も、浮かんでくるはずなのである。

物部氏といえば、『日本書紀』に盛んに登場しているのだから、正体ははっきりしているのだろうと思われがちだが、正確なところはわかっていないのである。

だいたい、『日本書紀』は、「物部の祖がどこから飛んできたのか、はっきりとわからない」といっているようなもので、しかも登場の仕方も神話じみているから、「神話嫌い」の戦後史学界では、真っ先に出自の怪しさを疑われてしまうわけである。

また、蘇我氏であれば、渡来系のテクノクラートを活用し、朝廷の官僚組織に食い込み財政を掌握するなど、氏族の体質ははっきりと打ち出せるのに、物部氏となると、むしろ漠然としていて、つかみ所がないのである。

かつては「武」の側面が強調されていたが、その反面、実際の戦闘に物部氏が他の豪族よりも積極的に参画した様子もなく、次第に「祭祀《さいし》、儀礼」の氏族だったのではないかと、「武」のイメージも薄れつつある。

また、出身地も定かではない。かつては河内国渋河《かわちのくにしぶかわ》で通用していたが、ヤマトの山辺《やまのべ》や磯城《しき》説も登場し、ヤマトから河内に進出したのではないか、とする考えも飛び出している。

史学界の大御所・直木孝次郎《なおきこうじろう》氏は、物部氏の成立は、部民《べみん》制度が確立した五世紀中葉から後半のことでしかないと断言する。それはなぜかというと、物部氏が「部」を管理する役割を担《にな》っているのだから、「部」の制度がまずできて、それから物部氏が誕生した、といい、次のように述べる。

疑問の一つは、物部連《もののべのむらじ》という氏族の起源である。神武天皇東征にあたり、それより以前に大和に天降《あまくだ》っていたニギハヤヒノミコトの子ウマシマヂノミコトから出たとする『古事記』の所伝（『日本書紀』もほぼ同説）をそのまま信ずることができないのは、いうまでもない。津田左右吉《つだそうきち》も指摘しているように、物部氏はそれほど古い氏族とは思われない。なぜなら、物部連は物部という部を、中央において管理統率することを任務とする氏族であるから、部の成立以後でなければ存在しえないのである。同じ連姓のいわゆる伴造《とものみやつこ》系氏族でも、大伴《おおとも》連や中臣《なかとみ》連は、部の制度が成立する以前から存在することができるが、物部連は忌部《いんべ》連・伊福部《いふくべ》連・軽部《かるべ》連などとともに、部制以後の氏族といわなければならない（『日本書紀研究　第二冊』三品彰英《みしなあきひで》編　塙書房　ルビは引用者）

そして、「部民制」の成立は五世紀末から六世紀初め頃なのだから、物部連も、このころ登場し、部民制の発展とともに、勢力を拡大したとするわけである。

しかし、これは制度史上の理屈であって、部民制度が誕生したときに、湧《わ》いて出るかのように頭角を現したわけではないだろう。それ以前からなにかしらの影響力を持っていたからこそ、ヤマト朝廷の支配下に組み込まれ、また歯車になったのであって、ではそれ以前、彼らはまとまりのないまったく影の薄い存在だったのかというと、大いに疑問なのである。

これに対し、田中卓《たなかすぐる》氏は『田中卓著作集2　日本国家の成立と諸氏族』（国書刊行

物部氏にまつわる二つの謎

出自の謎	氏族の性質の謎
通説 河内国渋河 その他 ヤマトの山辺や磯城説	「武」の氏族ではなく「祭祀・儀礼」の氏族

会）で、次のような考え方をしている。こちらも長くなるが、大切なところなので、引用する。

少くとも饒速日命《にぎはやひのみこと》の降臨に関する限り、その所伝の筋書は、『日本紀《にほんぎ》』・『古事記』の瓊瓊杵尊《ににぎのみこと》の場合に見られるがごとき矛盾撞着《どうちゃく》を含んでをらず、説話として極めて合理的である。また、この所伝がまったく物部氏による造作であるならば、饒速日命を瓊瓊杵尊の兄と特筆し、しかも、饒速日命を〈第一次の降臨をされた天孫〉として力説するごときは、『日本紀』・『古事記』（すなはち皇室側）の立場よりみて甚だ不穏当な所伝といはねばならないから、これを朝廷において公認することは、恐らくあり得なかったであらう。それにもかかはらず、これが許され、さらに平安時代の朝廷における日本紀講書などでも『旧事本紀《くじほんぎ》』がとくに重視せられてゐたのは、やはりこれが否定しがたい古伝であったからではあるまいか（ルビは引用者）

まさに、正鵠《せいこく》を射ている。物部氏は『日本書紀』編纂《へんさん》の直前に没落しているのだから、もし直木孝次郎氏らの述べるように、彼らが六世紀初頭に勃興《ぼっこう》したとしたら、天皇家よりも先にヤマトに入っていたなどという伝承が、採用されるはずはなかったのである。

ただそうはいっても、神武天皇は実在の人物ではなく、「東征」そのものが「絵空《えそら》事《ごと》」とする説が根強いのだから、神武天皇とヤマトの始まりについて、少し説明しておかなければならない。

二人の初代王の謎

神武天皇は今から二千数百年前の人物と『日本書紀』は記録していて、これだと弥《や》生《よい》時代に突入してしまう。そのころ、ヤマトのあたりに王家が誕生していたとは、とてもではないが、考えられないのである。

ただ、考古学の進展によって、ヤマト建国の経緯がかなり鮮明になってくると、『日本書紀』の示した天皇家誕生のいきさつは、あながちでたらめではなかったように思えてくるのである。

このあたりの事情については、他の拙著の中で、何度も触れてきているので、簡単に説明しておこう。

さて、これは私の考えではなく、井上光貞《いのうえみつさだ》氏や直木孝次郎氏らが唱え、ごく一般的にいわれていることなのだが、『日本書紀』に登場する初代神武天皇と第十代崇神《すじん》天皇は、本来同一だったものを、天皇家の歴史を古く見せかけるために、わざと二人に分けたのではないかと考えられている。つまり、実在した崇神天皇をモデルに、もうひとり、神武天皇の物語を構築したのではないか、というのである。

その理由は、いくつかあって、まず第一に、初代神武天皇から続く八代の天皇の実在性が乏しいことがあげられる。名前そのものが、古態とかけはなれ、後世につけられた「新しい名」であること、系譜が「父から子」と、あまりに整いすぎていることなどからである。

さらに、神武天皇も崇神天皇も、「初めてこの国を治めた天皇」と『日本書紀』の中で称《たた》えられていることから、二人は同一人物だ、とする。神武天皇は「始馭天下之《はつくにしらす》天皇《すめらみこと》」で、崇神天皇は「御肇国天皇《はつくにしらすすめらみこと》」といった具合だ。

もっとも通説は、二つの「ハツクニシラス」には、差があり、厳密には同一ではないとしている。神武のそれは、「初代天皇」を意味し、かたや崇神のそれは、「国の初めを治めた」となり、後者は必ずしも「初代天皇」を意味しないからだ。『古事記』にも、崇神について「初国《はつくに》を知《し》らす御真木天皇《みまきのすめらみこと》」とあり、ここでも、「初めて」国の形ができあがり、制度が整い、その国を崇神天皇が治めた、と記されている。

このように、二つの「ハツクニシラス天皇《すめらみこと》」は、似て非なるものだが、ひとつの王家に二人の始祖王は不自然なのだから、『日本書紀』は、そっくりだが別人という体裁を取ったのだろう。このような『日本書紀』の「工夫」はいくつもある。

たとえば『日本書紀』の中で神武天皇と崇神天皇の記事を重ねると、うまい具合に一体化する。神武は東征を終え即位したあと、「神武四年」から話が突然神武三十有一年に飛び、神武四十有二年でいったん話が切れ、七十有六年の崩御記事までふたたび飛び、翌年の埋葬記事で、神武紀は終了する。かたや崇神天皇の場合、即位後、実質的な話は、崇神四年から始まり十七年まで細かい話があり、そこから四十八年までの空白、そこから飛び飛びに六十、六十二、六十五、の各年の断片がちりばめられ、六十八年の崩御、翌年の埋葬記事で、崇神紀は終わる。

神武天皇の空白の時間に崇神の治世の時代がすっぽりと納まり、二つの話は、両者が補いながら進行しているように見える。だから、神武と崇神天皇は、同一人物であった可能性が高いのである。

纏向《まきむく》遺跡からわかってきたこと

このような考えには、諸説あって、一筋縄では行かないのだが、近年の考古学の成果を当てはめると、ヤマト建国の王が、八世紀の歴史編纂者の手で二つの話に分解されていた可能性はさらに高まる。

なぜこのようなことがいえるのか、ヤマト建国に至る考古学を説明しておこう。

近年邪馬台国《やまたいこく》論争がふたたび活発化しているのは、三世紀の纏向遺跡の出現が大きな意味を持ってくるからだ。その全貌《ぜんぼう》が明らかになるにつれ、ヤマト建国の様相がはっきりとしてきたこと、この遺跡や前方後円墳《ぜんぽうこうえんふん》が、すでに三世紀初頭に出現していたことが確定されれば、邪馬台国とヤマトがつながってくるからだ。

邪馬台国畿内《きない》論者は、「もはや邪馬台国はヤマトで決まり」と考え、これに対し、邪馬台国北部九州論者は、畿内論者の考えを「安易」と批判し、憤慨している……。これが現在の邪馬台国論争の図式だ。

それでは、纏向遺跡の何が画期的だったのだろう。

まず、その規模がずば抜けていた。広さは東西二キロ×南北一・五キロで、のちの時代の藤原宮や平城宮といった宮城《きゅうじょう》と遜色《そんしょく》ない大きさだった。しかも、それまで何もなかった土地に「忽然《こつぜん》」と姿を現したこと、さらに、農耕の痕跡《こんせき》がなく、宗教と政治の都市だったところに大きな意味があった。ヤマトに、大きな「国」の出現していた疑いが強くなったのである。

しかも、前方後円墳がこの一帯に出現したから、都市＝纏向の誕生こそ、ヤマト建国を意味していたと考えられるようになった。

というのも、前方後円墳は、弥生時代後期にはまったく見られなかったのに、纏向遺跡の時代に登場して以来、四世紀には南部九州から東北地方南部まで、一気に伝播《でんぱ》していった。この、埋葬文化の画一化が、新たな時代の到来を告げていたのである。

そしてもうひとつ、纏向遺跡の特徴は、外来系の土器が多いということだった。ヤマトの外から、多くの土器が流入していたのである。

多い順に地域を羅列すると、東海（四九％）、山陰・北陸（一七％）、河内（一〇％）、吉備（七％）、関東（五％）、近江《おうみ》（五％）、西部瀬戸内（三％）、播磨《はりま》（三％）、紀伊（一％）となる。

この順番を見ていると、東海地方の数の多さに驚かされるが、彼らは「労働力」としてかり出されたのであり、ヤマト建国の主体は、瀬戸内海沿岸地域の首長層だった

纒向遺跡のどこが画期的だったのか?

纒《まき》向《むく》遺跡の意味

規模が大きく都市の形態をとっていた

→ 藤原宮や平城宮と同じくらい

▼

ヤマト建国を意味する

・土器が集まった順番
吉備→山陰→ヤマト

のではないかと考えられている。というのも、吉備は全体の七％と少ないが、吉備の土器は特殊器台という宗教色の強いもので、他の「生活のための土器」とは、質が違ったからである。このあたりの事情については、あらためて説明する。

纏向遺跡の詳細がわかってきたことによってはっきりしてきたことは、意外にも『日本書紀』がヤマト建国の様子を知っていたのではないか、ということである。

まず、「初代王」の宮が、纏向であったと『日本書紀』は記録している。

実在した初代王で第十代崇神天皇の宮は磯城瑞籬宮《しきのみずがきのみや》（桜井市金屋《かなや》）、第十一代垂仁《すいにん》天皇の宮は纏向珠城宮《まきむくのたまきのみや》（桜井市穴師《あなし》）、第十二代景行《けいこう》天皇は、纏向日代宮《まきむくのひしろのみや》（桜井市穴師）で、三代続けて三輪山《みわやま》の西麓《せいろく》であり、ようするに纏向遺跡の周辺に位置する。

ヤマト建国の考古学とぴったり重なる『日本書紀』の記述

もうひとつ気になるのは、土器が纏向に集まった順番である。

土器の数を示した中に、九州の土器が含まれていなかったが、まったくなかったわけではない。ただ九州は、出遅れ気味、あるいは、それほど積極的ではなかったのだ。

纏向遺跡の前半を彩る庄内式土器《しょうないしき》が、北部九州の沿岸地帯に伝播していることでわかるように、纏向出現の当初、「ベクトル」はむしろヤマトから北部九州に向かっていたのであり、ヤマトが北部九州を纏向にいざなっていたかのように見える。

また、纏向で三世紀前半（あるいは半ば）に前方後円墳の原始的な形が完成し、これを「纏向型前方後円墳」と呼んでいるのだが、やはり庄内式土器とほぼ同じ地域の首長層が、この新たな埋葬文化を採用している。つまり、かつて考えられていたように、北部九州の弥生時代の最先端地域の首長層が富と武力でヤマトを圧倒したとは考えられなくなってきているのである。

そこで注目されるのが、『日本書紀』の記事なのだ。というのも、九州から神武天皇が東征する以前、ヤマトには一柱の神と一人の人物がすでに舞い降りていたと記録しているからだ。それが、出雲神《いずもしん》・大物主神《おおものぬしのかみ》と、物部氏の祖・饒速日命《にぎはやひのみこと》である。

出雲神がヤマトにやってくるいきさつは、以下の通りだ。

神話の出雲国譲《いずものくにゆず》りの直前のこと、出雲を造成した大己貴神《おおなむちのかみ》（大国主神《おおくにぬしのかみ》）が浜辺を逍遥《しようよう》していると、海に光り輝く神が現れた。名を問うと、「あなた（大己貴神）の幸魂《さきみたま》奇魂《くしみたま》」であるという。これが大物主神であった。

つまり、二柱の神は本来同一の神で、属性が違うと『日本書紀』はいっていることになる。

大物主神は大己貴神に、

「もし私がいなければ、お前は国を作ることはできなかった。私がいたから、お前は偉大な功績を残せたのだ」

と告げ、「ヤマトの三諸山《みもろやま》（三輪山）に住みたい」と要求したので、大己貴神はいわれたままに、三輪に宮を建てたといい、これが大神《おおみわ》神社の起源説話になっている。

この事件は、出雲の国譲りの直前という設定なのだから、まだ、ヤマトの地は「未知の世界」であり、出雲の大物主神が、ヤマトに一番乗りしたというのが、『日本書紀』の設定ということになる。

興味深いのは、第十代崇神天皇が大物主神の業績を称賛していることで、「ヤマトを造成した神」と歌い上げている。

そしてもうひとり、ヤマト建国の直前にヤマトに舞い降りていたのが、物部氏の祖の饒速日命で、ここに、纏向遺跡の「多くの地方から土器が集まっていた」という状況と文献が、奇妙な形で重なってくることに気づかされるはずだ。

つまり、出雲の大物主神といずこからともなく舞い降りてきた饒速日命、そして饒速日命を支えたヤマト土着の長髄彦《ながすねひこ》、さらに、南部九州から神武天皇がヤマトに集まって、ヤマトは建国されたと『日本書紀』は記録しているのであり、この「神武東征とヤマト建国」の順番、状況は、まさに纏向から出現した物証と、寸分違わぬ形で符合しているのである。

ヤマト建国の考古学と『日本書紀』の記事は、もう一箇所で重なっている。それは、崇神天皇が「ハツクニシラス天皇」と称賛されるようになったきっかけである。いわゆる四道将軍《しどうしょうぐん》の派遣だ。『日本書紀』崇神十年九月には、北陸、東海、山陽道、丹波《たんば》に、それぞれ将軍を差し向けたといい、

「もし教化に従わない者が現れたら、兵を挙げて討て」

と命じたという。翌年の夏四月に、将軍たちはもどってきて、ヤマト朝廷の基礎は完成し、崇神はハツクニシラス天皇と称賛されるのだが、『古事記』には、もう少し詳しい話が載っている。それによれば、東海と北陸方面に遣わされた二人の将軍は、福島県で東西から落ち合い、そこでこの地を「相津《あいづ》（会津若松《あいづわかまつ》市付近）」と名づけたという。

問題は、初期の前方後円墳の広がりは、福島県会津若松市付近までであり、まさに四道将軍の行動範囲と重なっていたのである。

こうなってくると、『日本書紀』が、かなり克明にヤマト建国の状況を掌握していたのではないかと思えてくるのである。

物部氏はどこからやってきたのか

そこであらためて問題となってくるのが、物部（饒速日命）が天皇家よりも先にヤマトに舞い降り、ヤマトに君臨し、しかもそののち王位を何の抵抗もなく神武に譲り渡していたという『日本書紀』の記述である。

この話は、どうにも胡散臭《うさんくさ》い。というのも、物部は、戦えば勝てたのであり、身内（長髄彦）を裏切って殺してまで、神武天皇に恭順してしまった理由がわからない。しかも、もうひとつ理解不能な事態が起きている。神武は物部の祭祀《さいし》形態を屈辱的な方法を用いて継承し、そうすることで、ヤマト入りを認められたわけである。

ここに、天皇家と物部の間に常識では説明できない「ねじれ」が生じているのである。ただ、「神武東征自体がお伽話《とぎばなし》」とする考えが根強かったために、このような説話の矛盾は、問題視されなかったのである。

だが、ヤマト建国の考古学とヤマト建国の歴史記述が思わぬ形でつながって来るとなると、『日本書紀』の不自然な記述に、無関心ではいられなくなるのである。

たとえば物部は、いずこからともなくヤマトに舞い降りたと『日本書紀』はいい、ヤマト土着の首長・長髄彦を配下に従えていたというが、この話も正確な描写であった可能性が高まってくることになるのである。纏向遺跡からの報告によれば、ヤマト建国直前のヤマトの土着勢力の実力は、われわれの想像以上に「脆弱《ぜいじゃく》」で、多地域の文物が集まったからこそ、ヤマトに都が作られたと考えられるからだ。

そうであるならば、「出雲神の次にヤマトにやってきた饒速日命」が、ヤマト土着勢力を従えて、ヤマト建国に励んでいたという『日本書紀』の設定は、むしろ信憑性《しんぴょう》を帯びてくるのであり、そうなってくると、いったい物部氏はどこからヤマトにやってきたのか、その真相を知りたくなるのである。

もし、物部氏の出身地がわかれば、「天皇家が物部の祭祀を継承した」その理由が、はっきりとわかってくるのではないだろうか。なぜなら、『日本書紀』はあえて、物部氏の出身地を、秘匿《ひとく》しているからだ。饒速日命が天磐船《あまのいわふね》に乗ってヤマトにいち早く降臨していたことは認めておきながら、では彼がいったいどこからやってきたのか、という点については、明かそうとはしなかったのだ。

では、物部氏はどこからやってきたのだろう。

古くから、この問題に関しては、数々の推論が出されていた。その中では、物部氏は北部九州からやってきたという考えが、圧倒的に多い。

これにはいくつかの理由が挙げられる。まず第一に、日本列島における弥生時代の最先端地域が北部九州であったこと、だから、ヤマトを造り出す力は、北部九州からヤマトへ、文物は西から東へやってくるという考えが、かつての常識だった。

そして第二に、北部九州には、いくつかの物部密集地帯があって、「西から東」という常識に照らし合わせても、物部氏が北部九州からヤマトに移り住んだとすることが、もっとも妥当な考えと信じ込まれていた。これが「物部東遷《とうせん》説」である。

そこで、これまでの仮説を、以下に取りあげてみたい。

物部東遷説と邪馬台国東遷説

さて、「物部東遷説」は、「邪馬台国東遷説」と密接な関係にある。多くの説は、「物部」が、「邪馬台国」の尖兵《せんぺい》になって東遷したと考えるからだ。

そこでまず、邪馬台国東遷論とはいかなるものだったのか、その歴史を簡単に振り返っておこう。

邪馬台国東遷論は、邪馬台国北部九州論者ならば、ほとんどの方が、主張する考えでもある。卑弥呼《ひみこ》の邪馬台国は北部九州にあって、のちにヤマトに移ってヤマト朝廷は発足した、というのである。

だから、明治時代の邪馬台国論争の火付け役・白鳥庫吉《しらとりくらきち》も、すでに東遷論をほのめかしていたし、大正時代にはいると、和辻哲郎《わつじてつろう》が、邪馬台国を九州の北西部と考え、考古学を加味して、天照大神《あまてらすおおみかみ》とスサノオの神話は、「魏志倭人伝《ぎしわじんでん》」にいうところの倭《わ》国大乱《こくたいらん》とぴったりと重なるなどと指摘した。また、「国家を統一する力が九州からやってきた（神武東征）」は、まさに邪馬台国東遷という史実がモデルになったと推理したのである。

昭和時代になると、太田亮《おおたあきら》氏は、九州と畿内に、それぞれ同じ「ヤマト」という国があったはずがなく、九州の「ヤマト」が、畿内に移ったから、双方に「ヤマト」という地名が残ったという。

栗山周一《くりやましゅういち》氏は、「魏志倭人伝」にいうところの卑弥呼の時代が、『日本書紀』の神話の時代に重なるのだとして、卑弥呼と天照大神を同一と指摘した。

戦後にはいると、邪馬台国論争は活発化し、多くの邪馬台国東遷論が出現した。その数が、あまりに多いため、なかなかひとつひとつを取りあげていられない。

その中でも興味を惹《ひ》かれるのは、森浩一《もりこういち》氏の考古学者からの視点であろう。なにかと邪馬台国畿内説を優位に持っていこうとする近年の一部の考古学者の考え方を批判し、特に「古墳文化はたえずヤマトから発信された」という発想は、固定すべきではない、という。そして、実際にヤマトよりも早い段階で、北部九州に古墳が発生していた可能性があること、鉄製品に関していえば、ヤマトはごくわずかで、かたや北部九州では大量に見つかっていることを重視した。

邪馬台国東遷論は、邪馬台国やヤマト建国と密接にかかわってくるから、誰もが黙っていられない論点である。

したがって、すべての推理を書き出せば、それこそ邪馬台国論争そのものになってしまう。

そこで論点をずらさないためにも、「邪馬台国東遷論」の中でも、「物部東遷論」にしぼって、以下、話を進めてみたい。

まず取りあげておきたいのは、太田亮氏の久留米《くるめ》市周辺の物部氏が、ヤマトに移ったという考えである。

太田亮氏の物部東遷説

太田亮氏は、『高良山史《こうらさんし》』（石橋財団）の中で、おおよそ次のように述べている。

まず、物部氏は「神別第一《しんべつ》」の大豪族であること、北部九州から四国北岸、近畿《きんき》地方にいたる海岸地帯、さらには東海道、奥州《おうしゆう》東海岸にいたる広大な地域に分布していたことを指摘している。国造《くにのみやつこ》として、これほど広範囲に影響力を及ぼした氏族は他に例がなく、また、中央豪族としても顕著な活躍を見せている。この前提を踏まえ、つぎに、皇室は神武東征以前は九州に本拠地を構えていたこと、物部氏の祖の饒速日命が、「天神系《あまつかみ》」であったという『日本書紀』の記述から、「物部氏も最初は同じく九州にあったとせねばならぬ」といい、物部氏が九州から畿内に向かった足跡と、さらに、畿内から各地に広がっていった様《さま》の二つの状況を再現する必要があると指摘した。

具体的には、「魏志倭人伝」などに「一大国」とか「一支国《いきこく》」とある壱岐島《いきのしま》には、「物部郷」の地名が残り、式内社《しきないしや》の物部布都《もののべのふつ》神社が祀《まつ》られる。「布都」は物部の氏神《うじがみ》「布都神」のことで、壱岐島と物部のつながりが想定できるとする。

さらに、「国造本紀」には、「魏志倭人伝」にある「末盧国《まつらこく》」を末羅《まつら》国といい、物部同族の穂積《ほづみ》氏が国造に任じられたという話が出てくること、さらに東に目を向ければ、筑後国《ちくごのくに》の御井郡《みいのこおり》（久留米市付近）に、物部や物部系の弓削《ゆげ》の名が見られ、山門《やまと》郡など周辺にも、物部の密集地帯が確認できる。さらに筑後川《ちくごがわ》を東に向かっていくと、大分県、さらに海を渡り、伊予《いよ》（愛媛《えひめ》）、熊野《くまの》、畿内へと続く道が、物部氏の神武東征に先立つヤマト入りのルートだとする。

神武天皇も熊野を経由しヤマトに入っているが、このとき土着の神の毒気に当たって苦しんでいると、高倉下《たかくらじ》なる人物が現れ、韴霊《ふつのみたま》なる霊剣を献上してきたと『日本書紀』はいう。

この剣の霊威によって神武は救われたのだが、高倉下は『先代旧事本紀《せんだいくじほんぎ》』によれば、物部系だという。先述したように、「フツ」も物部とかかわりがあり、やはり神武と物部の間には、強い接点があるという。

では、物部氏の出身地はどこかというと、豊前《ぶぜん》、筑前《ちくぜん》に密集地帯があるとはいっても、これは、物部麁鹿火《もののべのあらかひ》が継体朝の磐井《いわい》の乱の際、勅命《ちょくめい》を受けて成敗したことが縁で、北部九州に勢力を拡大したのではないかと指摘している。

一方、久留米市の高良《こうら》大社は、物部氏の氏神を祀り、この地域に接続する佐賀地方の平野には、配偶神なる河上大明神《かわかみだいみょうじん》が鎮座《ちんざ》しているところからも、物部氏は筑後川流域、筑後平野の出身ではないかと推理している。

ちなみに、高良大社の祭神は高良玉垂命《こうらたまたれのみこと》といい、その正体は明らかになっていない。「武内宿禰《たけのうちのすくね》説」「高良玉垂命・武内宿禰併祀説」「住吉《すみよし》同体説」「綿津《わたつ》見神《みのかみ》説」、その他、入り乱れているのだが、古くは、武内宿禰説が有力視されていた時期もある。これに

物部氏はどこからやってきた？

物部東遷説とは ◀… 太田亮氏による

福岡・久留米市の高良大社

物部氏の氏神を祀る

筑後平野の出身

ヤマト入りして勢力拡大
（もちろん神武東征より早い時期）

対し太田亮氏は、武内宿禰説は疑わしいという。

たとえば、京都の石清水八幡宮《いわしみずはちまんぐう》には、「上高良」と「下高良」が祀られ、「上」は武内宿禰が、「下」には玉垂命が祀られている。このことから武内宿禰と玉垂命は別人であることは明らかで、また、当社の大祝《おおほうり》は、武内宿禰の末裔《まつえい》を自称しているが、武内宿禰に関して、「またの名を物部」といっていることは不自然だとする。

結局、応神《おうじん》天皇のもとで活躍したと伝えられる物部膽咋宿禰《もののべのいくいのすくね》を祭神と考える説のあることを指摘し、高良大社が物部氏の氏神を祀っていたことを強調するのである。

太田亮氏は、このように、筑後川流域に物部氏は発生し、神武東征よりも早くヤマトに入り、その後勢力を拡大していったと推理したのである。

瀬戸内海を牛耳《ぎゆうじ》っていた物部氏

これとよく似た考えを示しているのが黛弘道《まゆずみひろみち》氏で、天武《てんむ》天皇十三年（六八四）の八色《やくさ》の姓《かばね》の制度が制定されたとき、「朝臣《あそみ》」の高い姓が与えられた氏族の中で、ほとんどが「臣《おみ》」や「君《きみ》」の氏族だったにもかかわらず、物部氏と中臣氏は、例外的に「連《むらじ》」でありながら、「朝臣」の姓をもらっていると指摘している（『物部・蘇我氏と古代王権』吉川弘文館)。

大化以後、ほとんど活躍らしい活躍のない物部氏でありながら、優遇されているのは、物部氏が天皇家と並んで、降臨伝承をもっていたこと、それが「家柄」として尊重されたのではないかと指摘している。

では、物部氏はどこからやってきたのかというと、この点に関しては、太田亮氏の考えをほぼ踏襲し、『先代旧事本紀』の饒速日命《にぎはやひのみこと》の降臨説話に登場する人物群の分布状況を克明に再現している。

まず、「筑紫聞物部《つくしのきくのもののべ》」という名があるように、北部九州には物部系豪族が非常に多いことを取りあげ、それだけではなく、東に向かう交通の要衝を、物部氏が押さえていることを、黛氏は強調する。

まず、関門《かんもん》海峡の両岸に、物部の配下の民がにらみをきかせていたこと、下関はもともと「赤間関《あかま》」と呼ばれていたが、これは「赤間物部《あかまのもののべ》」と関係があるからだとする。

瀬戸内海に向かうと、愛媛県と広島県にはさまれた狭い海峡がある。現在では西瀬戸自動車道で本土と四国が結ばれているが、ようするに瀬戸内海の中でも多くの島々で飛び石状になった場所であり、交通の要衝でもある。この一帯も、物部氏の支配下にあったと黛氏は指摘している。

たとえば愛媛県の高縄《たかなわ》半島はかつて越智郡《おちのこおり》と呼ばれていたが、越智国造は物部同族であり、海の民でもある。半島の西半分は風速郡《かざはや》で、やはり物部系の風速氏が国造となっていた。今治《いまばり》市のやや南には、式内社の布都神社があって、韴霊《ふつのみたま》を祀っていた。対岸の広島県（安芸国《あきのくに》）にも、物部氏が密集していた。対岸から風速氏の一派が渡ってきて、牛耳っていたようなのだ。

さらに東に遷《うつ》って、岡山県に式内石上布都之魂《いそのかみふつのみたま》神社が、もうひとつの瀬戸内海の水上交通の要衝、播磨《はりま》の明石《あかし》郡の明石海峡に近い場所には、式内社の物部神社があって、播磨物部が祀っていたらしい。対岸の淡路島にも物部郷があって、物部神社が存在することを書きとどめている。そして、神戸、河内《かわち》、淀川《よどがわ》水系などなど、北部九州から饒速日命がヤマトにやってくるルート上の要衝を、物部氏が牛耳っていた様を、黛氏は重視し、降臨説話には信憑性があると考え、次のように結ぶ。

つまり東征というか東遷というか、ともかく政治権力集団の東方移動が繰り返し繰り返し行われたのだ、何波にも分かれてあったのだということなのであります。大王家の東遷、つまり皇室の祖先の東遷もそういう波の一つであった。それが後世、大勢を制したのでありますが、その他の小さなものもたくさんあったのであろうということです(『物部・蘇我氏と古代王権』)

いかにもありそうなことだ。ただし、私見は、このような考えと少し異なる。ただそれは、またのちに触れるとして、その他の「物部東遷説」も見ておこう。

物部氏は稲作をヤマトにもたらした?

物部氏が九州からやってきたという推理は、鳥越憲三郎《とりごえけんざぶろう》氏も唱えている。

鳥越氏は、ヤマトには神武~開化にいたる九代の葛城《かつらぎ》王朝が存在していて、しかもそれ以前、ヤマトを支配していたのは物部王朝だったと説く。しかもその物部王朝は、弥生《やよい》時代の早い段階で、すでに北部九州の遠賀川《おんががわ》流域からヤマトに東遷していたというのである。

鳥越氏はまず、『先代旧事本紀』に書かれた饒速日命降臨説話に登場する物部同族(あるいは従者)の畿内における居住地を、地図上に指し示した。そして、これらの分布域には特徴があるというのだ。それは、弥生時代前期初頭、北部九州の遠賀川付近に誕生し、一気に畿内付近まで伝播《でんぱ》した遠賀川式土器《おんががわしきどき》の分布と重なることである。

つまり、物部氏は弥生時代の開始とほぼ同時に、北部九州の鞍手《くらて》郡、遠賀川流域から畿内に移り住み、畿内に稲作をもたらした最初の部族として、「物部王朝」を形成したという推理である。

ちなみに、遠賀川流域では当初、木の葉文《こはもん》（木の葉の文様をあしらっている）の土器が生まれ、この技法が東に伝播し、その後遠賀川周辺では、博多《はかた》方面から羽状文《うじようもん》の土器の影響を受けたが、物部氏は古い木の葉文の技法をヤマトにもたらしたと指摘している。

また、河内やヤマトには来ない物部一族もいた。彼らは瀬戸内海などの要衝にとどまり、防衛を目的に配置されたのだという。それはなぜかというと、王朝の版図拡大を計画的に狙《ねら》ったもの、というのである。

また、鳥越氏は尾張平野の朝日《あさひ》遺跡の例を引き合いに出し、この一帯が、弥生と縄文の接点であり、弥生前期の稲作文化圏の東限であること、この地に遠賀川式土器をもたらしたのは物部一族で、遠賀川式土器は、ここを起点にさらに東に、やや様式を変えながら伝播していくことから、弥生時代の物部氏の全国制覇の野望が垣間見《かいまみ》えるとするのである。

それにしても、なぜ物部一族は、北部九州の地から東に向かわなければならなかったのだろう。

鳥越氏は、縄文時代終末頃から朝鮮半島南部の倭人《わじん》が次々と渡来し、福岡平野西部に早良《さわら》国や末盧《まつら》国を形成したとする。物部氏も遠賀川下流域にいったん渡来してきたが、早良国の圧迫を受け、あるいは、潟《かた》（天然の港）が洪水を受け、住んでいられなくなったのではないか、というのである。

物部王国こそ邪馬台国《やまたいこく》？

それだけではない。鳥越氏は、『日本書紀』の記述から、「ヤマトの物部王朝」こそ、邪馬台国にほかならないと考える。

饒速日命が天磐船に乗ってヤマトに舞い降りたとき、一帯を見渡して、「虚空見《そらみ》つ日本国《やまとのくに》」と述べたのだと『日本書紀』はいう。

この記事の直前には、神武天皇が巡幸し、腋上《わきがみ》の丘（奈良県御所《ごせ》市東北部）に登り、国見《くにみ》をし（国見は呪術《じゆじゆつ》的で予祝《よしゆく》的な所作）、「ああ、なんと美しい国を得たことだろう。狭いが、蜻蛉《あきづ》（トンボ）が交尾しているような形をしている」といい、この言葉から、「秋津洲《あきつしま》」の国号が生まれたという。

もうひとつ、説話が続く。その昔、イザナギがこの国を、「日本《やまと》は浦安《うらやす》（安寧《あんねい》）の国、細戈《くわしほこ》の千足《ちだ》る国、磯輪上《しわかみ》の秀真国《ほつまくに》（優れた国）」と名づけたという。また、大己貴神も「玉牆《たまがき》の内《うち》つ国《くに》」と称《たた》え、最後に、饒速日命が「虚空見《そらみ》つ日本国」と唱え、「ヤマト」の国名を定めたことが記されていたのである。

このことから、鳥越氏は、「ヤマト」の国号を作ったのは物部王朝で、これを滅ぼしたのが「秋津嶋《あきつしま》」の国号をいただく葛城《かつらぎ》王朝だったというのである。

では、ヤマトの物部王朝が、「魏志倭人伝」に登場する邪馬台国だったという推理はどこから生まれたのだろう。

邪馬台国は「南の狗奴国《くなこく》に攻められている」と魏に報告し、卑弥呼《ひみこ》はこの戦闘中に死ぬのだが、攻めてきた「狗奴国」こそ、じつは葛城王朝だったのだという。そして、葛城王朝が物部王朝を倒したのは、『日本書紀』にいうところの第八代孝元《こうげん》天皇の時代だったとする。

なぜこのようなことが言えるかというと、太古、敗者は勝者に娘を差し出すという習わしがあったこと、『日本書紀』には、孝元天皇の時代、鬱色謎命《うつしこめのみこと》や伊《い》香色謎命《かがしこめのみこと》、埴安媛《はにやすひめ》といった、物部氏から三人の后妃が差し出されていることが記され、これが決定的な証拠とするのである。

ありえない物部・葛城王朝の相剋《そうこく》

さて、鳥越氏は、さらに『先代旧事本紀』に記された饒速日命降臨説話に登場する物部系氏族の痕跡《こんせき》を日本各地に追い求めていくのだが、その作業を終えて、最後に次のように締めくくっている。長くなるが引用させていただく。（『女王卑弥呼の国』中公叢書《そうしょ》）

彼ら物部系の全氏族は弥生時代初頭、北部九州の遠賀川流域から河内・大和へ、稲作をもたらした最初の部族として東遷した。そのときすでに全国制覇の目的を抱いて、瀬戸内海や四国の要衝の地をはじめ、河内・大和一円に配備した一族の全居住地と、その任務を明らかにし得たことは特筆すべき収穫であったと思う。そして弥生時代中期には大和で建国し、東海地方へも領域をひろげ、さらに後期初めには北部九州の奴《な》国《こく》を制圧して、紀元二三九年に中国の魏朝へ朝貢するまでに成長した。

もちろん今後、新たな文献史料や考古学的資料の発見によって、部分的に修正補筆されるところがあるであろうが、「邪馬台国」が「物部王朝」であったことは変わら

ないものと信じている

しかし、もはや、このような推理が通用する時代ではない。

鳥越憲三郎氏は、古代史の大家であり、業績も褒め称《たた》えられるべきだろう。しかし、最新の考古学は、すでにこれらの発想を追い越してしまっているのだから、鳥越氏の考えを受け入れることはできない。

たとえば、弥生時代後期の西日本は、いくつもの地域に分裂し、それぞれが独自の文化を形成していたのであって、「ヤマトの物部王朝が畿内から瀬戸内海、北部九州まで支配していた」などということは、立証不可能なことなのだ。

それだけではない。卑弥呼が共立された二世紀後半から末にかけて、ヤマトの盆地は、深刻な鉄欠乏症に悩み、ヤマトが主体となって巨大な王国を築くほどの力を持っていたとは考えられないのである。したがって、ヤマトの盆地の中で「物部王朝」と「葛城王朝」が切磋《せつさ》琢磨《たくま》してヤマト建国を成し遂げたなどという考えは、もはや机上の空論なのである。

ただし、物部氏が西日本から東海地方にかけて勢力を伸ばしていた事実を突き止めた事自体は、否定すべきではない。弥生時代ではなく、三世紀のヤマト建国ののち、物部氏が盛んに支配領域を拡大していったのは間違いないだろう。

物部は邪馬台国の敵?

「物部氏の東遷《とうせん》」という推理を追っていく上で、この人をはずすわけにはいかない。それが、『白鳥伝説』(集英社文庫)の谷川健一《たにがわけんいち》氏である。

谷川氏はまず、邪馬台国を福岡県久留米市のかつての御井《みい》郡だったと推理している。高良《こうら》大社のお膝元《ひざもと》だ。私見も邪馬台国は御井郡や山門《やまと》郡といった、高良山の周辺にあったと考えているが、なぜそう思うのかについては、終章であらためて語る。

それはともかく、谷川氏は、高良山の周辺のみならず、筑後一帯には、物部系の神社が密集し、しかも物部氏族が多数住んでいたところから、物部氏の勢力の基盤と邪馬台国の領域が、ほぼ重なっていたと指摘しているのである。

さらに谷川氏は、神武天皇紀に書かれた神武東征記事の中で、物部氏の祖の饒速日命が天磐船に乗ってヤマトに降臨した説話があるのは、「物部氏の東遷」を意味している、とする。その上で、邪馬台国東遷論者の多くが、神武東征を邪馬台国の東遷と推理するにもかかわらず、ニギハヤヒの東遷の説話がいかなる歴史的事実の反映であるかを考えようとはしない。それは一方的ではないか（『白鳥伝説』）

と述べ、邪馬台国が九州から東遷しヤマトに入ったのなら、そこには何らかの「政治主体」が待ちかまえていたはずで、その「敵」との葛藤と闘争の歴史を無視することはできない、というのである。つまり、谷川氏のいう邪馬台国の敵とは、先にヤマトに入っていた物部氏である。

ところで、谷川氏の「物部東遷説」の根底には、金属冶金《やきん》技術者の問題が大きなウエイトを占めている。谷川氏は、奥野《おくの》正男《まさお》氏の弥生中期後半から後期前半までの時期に、青銅器の鋳造《ちゆうぞう》技術者が北部九州から畿内に移動しているのではないかという指摘（『考古学から見た邪馬台国の東遷』毎日新聞社）を重視し、奥野氏のいうところの「工人の東遷」とは、具体的には「物部氏の東遷」だったというのである。

谷川氏は、「物部」と「金属冶金」の関係を、多くの例をもって明らかにしていく。たとえば、「マラ」という人名があり、これが金属冶金とかかわり、しかも物部氏と関わりの深い人脈で彩《いろど》られているとする。

『古事記』の神話の天の岩屋戸の場面では、
「天《あめ》の金山《かなやま》の鉄《まがね》をとって鍛人《かぬち》の天津麻羅《あまつまら》を探し、イシコリドメ（女神《めがみ》）に命じて鏡を作らせた」

という一節があり、「マラ」が鍛人（鍛冶《かじ》）であったとある。さらに綏靖紀《すいぜいき》には「倭鍛部天津真浦《やまとのかぬちあまつまら》に鏃《やじり》を作らせた」とあり、やはり「マラ（マウラ）」と金属がつながっている。

そこで谷川氏は『白鳥伝説』の中で、次のように述べている。

物部氏の一族にマウラとかマラの名前が多く、「物部造等祖、天津麻良」とも記されており、しかもそれが倭鍛部の祖とされていることをみれば、物部氏が銅や鉄の精錬に従事する集団であったことは否定できない

その証拠に、谷川氏は、因幡《いなば》の伊《い》福部臣《ふくべのおみ》が饒速日命を始祖と仰いでいて、物部氏と同族であった可能性が高いこと、さらに、「伊福部」には「呪術をもって風を強めることのできるから気吹部臣《いふくべのおみ》の名を賜った」とする言い伝えがあることを紹介し、これは「フイゴ」の比喩《ひゆ》であろうとする。いずれにせよ、物部と金属冶金は、強く結ばれ

ているという。そして、そのような進んだ技術を持っていた人びとが、北部九州から東に流れていったというのである。

流動化する国際情勢と邪馬台国の東遷

谷川氏が述べたいことは、最先端の技術と財を蓄えた北部九州の勢力が、中国大陸の混乱、中国による朝鮮半島支配のゆるみにからみ、東遷したのではないか、ということであり、しかもその東遷は、物部と邪馬台国の二回あったという。

では、いつ物部はヤマトにやってきたというのだろう。

まず、このあたりの事情を理解するためには、中国と朝鮮半島、そして日本列島の歴史のつながりを、知っておく必要がある。

中国の漢王朝は、朝鮮半島を支配するために、楽浪郡《らくろう》と帯方郡《たいほう》を拠点に、朝鮮半島諸国ににらみをきかせていた。ところが、二世紀後半になると、後漢も次第に凋落《ちょうらく》し、第十一代桓帝《かんてい》（在位一四七〜一六七）と次の霊帝《れいてい》（在位一六八〜一八九）の代になると、後漢は朝鮮半島を制御することができなくなった。流民《るみん》が発生し、朝鮮半島南部は大混乱に陥り、その余波が日本列島にも及び、いわゆる「倭国大乱」が誘引された。

国際情勢による影響から東遷した物部氏

「魏志倭人伝」によれば、この混乱を収拾するために、邪馬台国の卑弥呼が共立されたという。

谷川氏は、この倭国大乱の時、物部氏が東遷したと考えている。倭国内部の政治社会は再編成を余儀なくされ、物部氏は北部九州からヤマトに移動した、というのである。

さらに、朝鮮半島情勢は流転《るてん》する。

建安年中（一九六〜二二〇）に公孫氏《こうそんし》が帯方郡を建て直し、朝鮮半島に秩序をもたらすと、倭も帯方郡に従った。そして、魏《ぎ》・呉《ご》・蜀《しょく》が鼎立《ていりつ》し混乱していた中国の中で、魏が頭ひとつ抜け出した。魏は景初《けいしょ》二年（二三八）、公孫氏を圧倒し、帯方郡を奪った。卑弥呼が帯方郡に使者を送ったのは、その翌年のことだった。

卑弥呼の遣使は、じつにタイミングがよく、魏の心証もよかったのだろう。僻遠《へきえん》の地からの朝貢であり、魏は倭を実力以上に評価してくれている。

一方倭国では、卑弥呼が狗奴国との戦闘中に謎《なぞ》の死をとげ、その後男王が立つも国中服さず、千余人の戦死者が出たが、卑弥呼の宗女《そうじょ》トヨが立てられ、混乱は収拾されたという。三世紀半ばのことだ。

このの ち変化があったのは、四世紀前半のことで、西暦三一三年を期に、楽浪郡と帯方郡が、高句麗《こうくり》、百済《くだら》それぞれに併呑《へいどん》され、消滅した。谷川健一氏は、この事件が、邪馬台国東遷の契機になったと主張する。

このような朝鮮半島の情勢の決定的な変化は日本列島の形勢にも画期的な影響を与えずにはすまなかったと推察される。それは倭国の大乱以上の混乱を日本国内に引きおこすだけの大きな外的要因にちがいなかった（『史話・日本の古代〈別巻〉古代人のコスモロジー』作品社）

とするのである。

さらに、先にヤマト入りしていた物部氏と邪馬台国は衝突し、物部は敗退。邪馬台国の首長・ミマキイリヒコ（崇神《すじん》天皇）がヤマト盆地の東南の隅に、西日本を統一する国家を樹立したというのである。

邪馬台国北部九州論者にとって、「邪馬台国東遷説」は、当然の帰結である。その一方で、纏向《まきむく》遺跡の様相がはっきりしてくるにつれて、単純な東遷説では、理解できないいくつかの問題が浮上してきている。

ひとつだけ例を挙げておこう。谷川健一氏は、邪馬台国の首長であるミマキイリヒ

コ（崇神）のヤマト建国について、

ハックニシラススメラミコトを名乗る崇神《すじん》の王朝がイリ王朝であり、外部から大和へ侵入した征服王朝であることはすでに史家の説くところである

と続けるが、纏向遺跡の状況をみるかぎり、なぜこれを征服王朝といえるのか、理解不可能なのである。もはや、邪馬台国が東遷して、「ヤマトを征服した」とするかつての考えは、早く捨てた方がよいのではあるまいか。

ただし、このあたりの問題は、まだ先にとっておいて、ここでは、これまで「物部氏の正体」について、どのような推理が提出されてきたのか、そのことを先に片づけておかなくてはならない。

物部＝北部九州を覆《くつがえ》した出雲《いずも》説

物部氏の正体について、「常識的な学者」たちは、「それは北部九州出身」と、誰もが疑わなかった。ところが、歴史の門外漢が、「本当にそうか」と謎《なぞ》を突きつけたの

だった。

それが、『古代日本正史』（同志社）の原田常治《はらだつねじ》氏だった。

今まで、日本の古代史、上代史は、故意に造った「日本書紀」「古事記」の二つの人造亡霊に祟られたというか、ふり回されすぎていたと思う

という原田氏は、文献ではなく、神社伝承から、古代史の謎は解けないかと考えたのである。

やや無謀《むぼう》な試みではあるが、古代史ファンをあっといわせる推理を導き出すことに成功している。というのも、物部氏の祖・饒速日命は、出雲からヤマトにやってきた大物主神にほかならないと指摘したからである。

そこで、原田氏の指摘を紹介する前に、そもそも出雲神話とはどのような話だったのか、その簡潔なあらすじだけでも、ここで紹介しておこう。

出雲神話は、記紀神話の三分の一を占め、神話の中心を占めていたといっても過言ではない。渾沌《こんとん》の中からこの世が生まれ、さらに日本列島の国土が誕生したあたりまで、神話は浮世離れした展開をしているのだが、太陽神で女神の天照大神《あまてらすおおみかみ》が高天原《たかまのはら》を

統治したあたりから、話は急に人間くさくなってくる。その主役が、出雲建国の祖・スサノオだった。

スサノオの両親はイザナギ・イザナミで、スサノオは天照大神の弟にあたる。できの悪いスサノオは、根国《ねのくに》に追いやられるが、その前に一目高天原の天照大神に会っておきたいと懇願し、許される。ところがスサノオは、高天原で乱暴狼藉《ろうぜき》を働き、驚いた天照大神は、洞窟《どうくつ》の中に隠れてしまい、世の中はまっ暗になってしまった。ここから天照大神を引き出すのが、天の岩屋戸神話で、これが原因で、スサノオは地上界に追放されてしまったのだ。

ところが出雲に舞い降りたスサノオは、ここから心を入れ替えたように、国土の造成に取りかかる。八岐大蛇《やまたのおろち》退治《たいじ》をして奇稲田《くしいなだ》姫《ひめ》を娶《めと》ると、須賀《すが》に宮を建て、子を生ませる。

こうして大己貴神《おおなむちのかみ》が誕生し、国造りは子の代に継承されていく。大己貴神の幸魂奇魂《さきみたまくしみたま》である大物主神がヤマトに移し祀《まつ》られたという話も、ここで登場していた。

ところが、大己貴神が出雲を造り終えたころ、高天原の高皇産霊尊《たかみむすひのみこと》と天照大神は、子どもを地上界の王にしようと考え、出雲に工作員を送り続ける。

ところが、送り出す神々はみな出雲に同化してしまい、うまくいかなかった。そこで最後に、切り札となる神々を送り込んだ。それが、経津主神《ふつぬしのかみ》で、さらに、武甕槌神《たけみかづちのかみ》が副将格で参加した。

出雲の国譲りと天孫降臨のいきさつ

経津主神が大己貴神に国譲りを強要すると、大己貴神は、

「わが子の事代主神《ことしろぬしのかみ》に聞いてほしい」

という。そこで、使者を熊野の諸手船《もろたぶね》に乗せて出雲国の三穂《みほ》の碕《さき》で釣り（あるいは鳥の遊び）をしていた事代主神のもとに向かわせると、事代主神は、

「今、天神《あまつかみ》の勅を受けました。父は素直に去るべきでしょう。私もまた、約束を違《たが》えません」

と、いうと、大海原に八重《やえ》蒼柴籬《あおふしがき》（神籬《ひもろぎ》）を造り、船のへりを踏み傾けて、消えていった。

事の次第が報告されると、大己貴神は経津主神らに対し、

「頼みにしていた子どももすでに去ってしまいました。そうであるならば、私も去り

ましょう。私が素直になって抵抗しなければ、国中の諸々《もろもろ》の神は、従わない者はいないでしょう」

こうして、「広矛《ひろほこ》」を経津主神らに手渡し、

「私はこの矛をもって、国を平らげました。ですからその矛を用いて国を治めましたならば、かならずうまくいくことでしょう。今から私は、百足《ももた》らず八十隈《やそくまで》（幽界《ゆうかい》）に去りましょう」

こうして経津主神らは、まつろわぬ者ども、邪神、鬼神たちを打ち破り、高天原に復命したのだった。

高皇産霊尊はこうして、皇孫《すめみま》・天津《あまつ》彦彦火瓊瓊杵尊《ひこひこほのににぎのみこと》を真床追衾《まとこおうふすま》にくるみ、地上界に降ろしたのである。これが、出雲の国譲りと天孫降臨のあらすじである。

なぜ朝廷は自ら作り上げた亡霊を恐れたのか

かつて、このような出雲神話は、まともには取り合われなかった。神話の三分の一を占めていたにもかかわらず、いや、神話の柱だったからこそ、「神話はすべて絵空事」とレッテルを貼《は》られ、顧みられることなく、捨て置かれたのだ。

戦前の極端な「神話教育」の反動もあって、神話と歴史のつながりを口にしただけで、異端視されかねない風潮すらあった。「出雲」は天皇家の正統性を証明するために、天皇の反対概念として編み出されたものにほかならないという発想である。

ところが、考古学が、古代史の常識を次々に打ち破り始め、「出雲」がヤマト建国の直前、実際に存在していた可能性が強くなってきたのである。

たとえば、弥生時代後期の出雲地方には、巨大な四隅突出型墳丘墓《よすみとつしゆつがたふんきゆうぼ》が出現し、この埋葬文化は、北陸や東北南部にまで伝播《でんぱ》していて、日本海を股《また》にかけた文化圏・交易圏が成立していたことを証明してしまった。

また、すでに触れたように、三世紀になると、出雲はヤマトの纒向建設の重大な要因として活躍するようになっていったことが確かめられている。

それだけではない。出雲大社の存在そのものが重要な意味を持っている疑いすら出てきているのである。

『古事記』の出雲国譲りの話には、出雲大社が建設されたいきさつが記されている。

多くの出雲神が去っていき、大国主神（『日本書紀』にいうところの大己貴神）だけが残った。国譲りを強要する天神《あまつかみ》たちに、大国主神は次のような要求を出した。

「私の子どもたちの申し上げた約束を、私も守ります。この葦原中国《あしはらのなかつくに》は、献上いたしましょう。ただ私の住処《すみか》を、天津神《あまつかみ》の御子《みこ》の帝位に就かれ住まわれるその立派な宮と同じように造っていただきたい。そうすれば、私はそこでおとなしくして隠れていましょう」

といい、出雲国の多芸志《たぎし》（場所不明）の小浜《おばま》に天《あめ》の御舎《みあらか》が造られたというのである。これが出雲大社であったかどうかは確かめようがない。ただし、出雲の神々の恨みを鎮《しず》めるために、なにかしらの社《やしろ》が建てられたというのが、主題であろう。この、「祟る出雲と、鎮めるヤマト朝廷」という話は、こののち垂仁天皇の時代に、記事が残され、やはり出雲神のご機嫌をとるために、立派な宮を出雲に建てたというのである。

出雲がそこにあったことを訴える巨大木柱

問題は、もし「出雲神話」が、八世紀の朝廷によって独自に作り上げられた観念であるならば、なぜ時空を越えて、「絵に描いた餅《もち》」は恐れられたのか、ということなのである。

というのも、平安時代に至っても、出雲神に対する畏敬《いけい》の念は消えていなかったのである。その様子がわかるのは、出雲大社の大きさに関わる話だ。

平安時代中期に記された『口遊《くちずさみ》』には、「雲太《うんた》、和二《わに》、京三《きょうさん》」という言葉がある。「雲＝出雲大社」は「和＝大和の大仏殿《だいぶつでん》」や「京＝平安京大極殿《だいごくでん》」よりも大きく、日本一の大きさだったというのである。

室町時代には、出雲大社の本殿が、かつては一六丈（約四八メートル）、あるいは三二丈（約九七メートル）もあったといい伝えられていたという。

このような話も、「ばからしい」と、鼻で笑われてきたのだ。けれども、平成十二年（二〇〇〇）四月、出雲大社の地下室工事に先立つ発掘調査によって、十一世紀から十三世紀（平安時代から鎌倉時代）にかけての「化け物木柱」が、姿を現し、かつての常識は打ち破られた。一本の太さが一メートル三五センチで、これを三本組み合わせ金輪《かなわ》で括《くく》った、合計の直径が三メートルに達するという代物《しろもの》である。

これは出雲《いずも》国造家《こくそうけ》に伝わる『金輪御造営差図《かなわごぞうえいさしず》』に描かれた古い出雲大社の設計図とまったく同じ構造をしていた。これが宇豆柱《うずばしら》であり、かつてこの地に、想像を絶する巨大神殿が建立《こんりゅう》されていたことが、ほぼ確かめられたのである。

なぜこのような出雲をめぐる神話や出雲大社をめぐる説話に注目したかというと、朝廷が神話を創作したから、出雲大社が建てられたのではなく、何かしらの歴史があったからこそ、出雲は重視され、また史実は隠匿《いんとく》された可能性があることを指摘した

■■出雲大社の巨大神殿■■

平成12年の発掘調査で姿を現した、
直径1.35メートルを3本束ねた巨大木柱

↓

11～13世紀にかけて出現した巨大神殿は、本殿が48メートルから97メートルあったといわれている

かったからだ。そして、これまで無視されてきた「出雲」に、ヤマト建国の真相を知るための手がかりが、うずたかく積まれたまま残されている可能性が高まったのであり、また、「物部は出雲出身」とする推理が提出されているのだから、出雲について、考え直さなければならなくなってきているのである。

なぜ『日本書紀』はヤマト建国史を出雲と南部九州に狭《せば》めてしまったのか

では、なぜ出雲と物部がつながってくるのだろう。原田常治氏の考えを振り返ってみよう。

まず原田氏は、なるべく古い、由緒《ゆいしょ》ある神社を抽出し、伝承を調べ上げたのだった。すると、その中で出雲神の占める割合の高いことが明らかになっていく。では、なぜ天皇家の祖神ではなく、天皇家の敵対勢力の出雲神に人気が集まるのか、調べを進めていったのである。

そこでわかったことは、出雲神・スサノオの五番目の子どもに、「天照国照大神《あまてらすくにてらすおおみかみ》」なる不思議な神が存在することだった。ヤマト朝廷の太陽神といえば、女神の天照大神が有名だが、こちらは男性で、『日本書紀』はこの神の正体を抹殺してしまったのではないかと、推理は深まっていくのである。

そして、物部氏の祖である饒速日命にも、「天照国照彦天火明櫛玉饒速日尊《あまてるくにてるひこあまのほのあかりくしたまにぎはやひのみこと》」という諡号《しごう》がある。これは『先代旧事本紀《せんだいくじほんぎ》』に記されているだけではなく、兵庫県たつの市の井関三神社《いせきさん》や愛媛県松山市の国津比古命神社、福岡県宮若市の天照《てんしょう》神社の祭神名でもある。

各地の神社には、出雲神・大物主神を「櫛甕玉《くしみかたま》」「奇甕玉《くしみかたま》」と呼ぶ例が散見され、また「甕玉」は、スサノオとともに祀《まつ》られているところから、出雲系の神であったことははっきりとしている。また一方で、「甕玉」は天照国照彦天火明櫛玉饒速日尊と同一だったとしている。おそらく、「櫛玉」と「奇甕玉」が似ているから、ということだろう。

また、福岡県久留米市の「伊勢《いせ》天照御祖《あまてらすみおや》神社」の主祭神が天照国照彦天火明尊《あまてるくにてるひこあまのほのあかりのみこと》で、「天照」や「天火明」が饒速日命の諡号の中に含まれていること、そうなると、「伊勢の名のつく神社に祀られる饒速日命」こそが、『日本書紀』編纂《へんさん》以前の日本を代表する太陽神だったのではないかと指摘し、出雲神スサノオの息子が大物主神＝饒速日命であり、饒速日命がヤマト建国の父であったと結論づけているのである。それでは、このようなアイディアをどう考えればよいのだろう。問題は、『古代日本正史』

の出版が昭和五十一年(一九七六)であり、原田氏の指摘は、もはや時代遅れになってしまったことである。ここ二十年で、出雲やヤマト建国をめぐる考古学は、めざましく進歩し、かつての常識はもはや通用しなくなってしまったのである。だからといって、原田氏の着想のすべてを否定する気持ちはない。謎に満ちた出雲神話の裏側には、なにかしらの史実があって、これまでとは違う方法で、真実が明らかになるのではないかという発想そのものは、十分評価するべきだと思う。

それに筆者も、物部=出雲という原田氏の描いたおおまかな図式に関しては、強く心引かれ、長年、基本的には、「ヤマト建国の中心に立っていたのは出雲」と唱え続けてきたのである。ただし、次第に、物部=出雲という発想には、限界があるのではないかと思えてきた。理由は簡単だ。『日本書紀』はたしかに、原田氏のいうように「出雲」を神話の世界に封印し、ヤマト建国の真実の歴史をお伽話《とぎばなし》の世界に封印してしまったかもしれない。しかし、ここで忘れてはならないのは、『日本書紀』は、ヤマト建国直前の話を、「出雲」と「南部九州」、ふたつの地域に限定して語っているということだ。

だが、考古学の進展によって、三世紀のヤマト建国の直前の西日本では、それこそ、ダイナミックでドラマティックな動きが見られたのである。「出雲」や「九州」も、その流動化する局面の「駒《こま》のひとつ」ではあったが、それだけがこの時代を動かしていたわけではない。これ以前の、神話に登場しない場所のヤマト建国史をどう考えればよいのだろう。

そこで、二つのことが考えられる。

吉備《きび》はどこに消えたのか

それはまず第一に、原田氏は「『日本書紀』は歴史を知っていたから神話の世界に封殺した」と説き、私見もこの点は支持してきた。だが、そうではなく、『日本書紀』は本当にヤマト建国の歴史に暗かったという可能性である。

そして第二に、それとは別の視点がここで生まれる。八世紀の『日本書紀』編者は、原田氏の指摘するように、ヤマト建国の歴史を熟知していた……。だが、真相を闇《やみ》に葬《ほうむ》る必要に迫られた編纂者は、「出雲の国譲り」という「すべてが出雲で起きていた」という神話を構築することによって、もっとも大切な場所から、読者の目を逸《そ》らさせていたのではないか、という疑惑である。

というのも、纏向《まきむく》に集まった土器は、出雲（山陰地方）のものだけではなかったからだ。東海や北陸、北部九州そして、吉備の土器が流入していたのだ。だが『日本書紀』を読むかぎり、神武東征以前に、ヤマトに集まっていたのは、出雲神・大物主神と、物部氏の祖の饒速日命だけであった。

そして、饒速日命がどこからやってきたのかはっきりと記されず、邪馬台国北部九州論者は、「それは北部九州だ」と決めつけ、原田氏は出雲を考えたわけである。

だが、ここで大きな見落としがあったことに、今さらながら気づかされるのである。それは、ヤマト建国にもっとも貢献したと、近年急速に注目が集まっている「吉備」が、『日本書紀』のどこにも姿を現さないということなのである。しかもその後も「吉備出身の豪族」が、ほとんど活躍しないのである。ヤマト建国に占めた吉備の活躍の度合いから考えて、これには、いくつかの推理を当てはめなくてはならないだろう。

まず第一に、吉備出身の誰かが、じつはヤマトの王になったというもので、ようするに天皇家（発足当初のヤマトの王と言い換えてもいい）は吉備出身だったという推理だ。だからこそ、「吉備出身の豪族がいない」のである。

次に考えられることは、「謎の饒速日命」が、じつは吉備からヤマトにやってきた、という推理である。最近筆者は、「物部は吉備」ではないかと考え始めているのであ

■■『日本書紀』への大いなる疑問■■

吉　備 ◀●●● ヤマト建国に
もっとも貢献した
にもかかわらず

▼

『日本書紀』には一切姿を現さない

なぜ？

推理すると ――

・吉備出身者の誰かがヤマトの王になった
・饒《にぎ》速《はや》日《ひの》命《みこと》が吉備からヤマトにやってきた

ということは……？

る。

その証明を、次章から始めていこうと思う。

第三章　物部と吉備の謎《なぞ》

かもしれない。

なぜ物部は敵に塩を送り続けたのか

物部氏の正体は、杳《よう》としてつかめない。
けれども、物部氏の不審な行動を追うことで、彼らの出自を確かめることができるかもしれない。

だいたい、物部氏最大の謎は、いち早くヤマトに舞い降り、土着勢力を支配下においていながら、なぜ神武《じんむ》東征《とうせい》を許したのか、ということである。すでに触れたように、神武一行は長髄彦《ながすねひこ》の手勢に手も足も出ず（神武は日神《ひのかみ》の子が太陽に向かったのが間違いだったと、強がりをいっているが）、熊野《くまの》では土着の神の毒気に当たり身動きが取れず、それを助けたのが物部系の神であった。

ヤマトに入る最終段階に至っても、神武の弱さは際立《きわだ》っていた。

神武は敵の陣容にたじろぎ、天香山《あまのかぐやま》の呪術《じゆじゆつ》を用いて、ようやく敵を倒せたのだ。けれどもこれは、すでに触れたように、「物部の祭祀《さいし》形態を踏襲するから、ヤマトに入れて欲しい」というデモンストレーションであった疑いが強い。事実天皇家は、のちの時代に入っても、物部氏の祭祀形態を継承していた可能性は高いのである。

そうなってくると、なぜ物部氏は身内の長髄彦を裏切ってまでして、神武を迎え入れたのか、理由がさっぱり判《わか》らないのである。

物部が本気で神武を追い払おうとすれば、赤児《あかご》の手をひねるようであったに違いないのだ。それなのになぜ、物部は敵に塩を送り続けたのだろう。

もっとも、神武東征そのものがお伽話《とぎばなし》だとするのが、これまでの常識なのだから、このあたりの矛盾に頓着《とんちゃく》する必要はないというのが、普通の考えかもしれない。だが、もしこれが天皇家の正統性を証明するために仕組まれた説話だとしたら、あまりにもストーリー展開が稚拙《ちせつ》である。もっとすっきりと、整ったあらすじが用意できたはずなのに、それができなかったのは、なにかしらの史実が根底にあったからだろう。それをなぞり、あるいはそれを湮滅《いんめつ》するために、手をくわえている内に、矛盾だらけの話になってしまったと考えた方が自然である。

もうひとつ気になるのは、ヤマト建国直後の物部氏は、理解のできない行動を起こしていることだ。

物部系の文書『先代旧事本紀《せんだいくじほんぎ》』には、神武東征後、宇摩志麻治命《うましまじのみこと》はヤマト朝廷の数々のしきたりや宗教行事を定めるのに貢献したと記されているが、この人物は、どうやらヤマトの地にはとどまらなかったようなのだ。

石見《いわみ》の物部神社の謎

出雲大社から見ると、ほぼ西南の方角に、物部氏ゆかりの地がある。第一章でも触れたが、石見銀山にほど近い島根県大田《おおだ》市川合《かわい》町の石見国一《いち》の宮《みや》で、宇摩志麻遅命（『日本書紀』には可美真手命《うましまでのみこと》）を祀《まつ》る物部神社である。物部神社の神職は、古くは物部系の国造《くにのみやつこ》が兼務していたが、のちに、やはり物部系の金子氏が継承し、今日に至っている。

この地の伝承によれば、宇摩志麻遅命は、神武東征の際の功績によって韴霊剣《ふつのみたまのつるぎ》を賜ったという。またその後、『先代旧事本紀』に物部同族とある尾張《おわり》氏の祖の天香語山命《あまのかごやまのみこと》とともに、兵を率いて、尾張、美濃《みの》、越《こし》（新潟）を平定したという。天香語山命は、越の伊夜彦《いやひこ》神社（弥彦《やひこ》神社。新潟県西蒲原郡弥彦村《にしかんばらぐんやひこむら》）にとどまり、この地の開拓にいそしんだという。

ちなみに、この天香語山命の越における活躍は、やはり弥彦神社の周辺でも語り継がれている。

それはともかく、宇摩志麻治命は、越から転進し、播磨《はりま》、丹波《たんば》を経て、出雲国の西

■■なぜ物部氏は石見《いわみ》に逼塞《ひつそく》したのか?■■

宇《う》摩《ま》志《し》麻《ま》遅《じの》命《みこと》

神武東征後の東国平定に功あり

＝

政権誕生の功労者であり、新政権の基礎を築いた人物

にもかかわらず

宇摩志麻遅命を祀る物部神社(島根県大田市)

石見に逼塞してしまったのはなぜ?

隣の石見国に至り、この地の「賊」を平定すると、鶴降山《つるぶせん》に降りて国見をし、現在の神社の背後の八百山《やおやま》が、ちょうどヤマトの天香具山によく似ているところから、この地に住まいを定めたというのである。

この石見の物部神社の話には、いくつかの謎がある。

もっとも大きな謎は、神武東征後、自主的に「東国平定」に乗り出し、これに成功すると、ヤマトの政権に疎《うと》まれてもいないのに、石見に逼塞《ひっそく》してしまったことである。宇摩志麻治命は、政権誕生の功労者であり、新政権の基礎を築いた人物である。だからこそ、神武天皇にご褒美《ほうび》として韴霊剣をもらい受けたのなら、なぜ「石見」なのだろう。

しかも、この経緯を、物部自身が語り継いでいるところに、興味を示さざるを得ない。物部の石見入りには、何か目的があったのではあるまいか。

そこで『日本書紀』をひもとくと、興味深い事実に気づかされる。というのも、「物部」は、「出雲いじめ」の尖兵《せんぺい》を務めていたからである。

話は崇神《すじん》天皇六十年というから、もし通説通り崇神天皇が実在したヤマトの初代王とすれば、ヤマト建国後間もないころの話、ということになろうか。この年の秋七月に、崇神天皇が群臣に向かって、次のように述べたというのだ。

「武日照命（出雲国造の祖にあたる）が天から持ってきたという神宝は、出雲大神《いずものおおかみ》の宮（杵築大社《きづきのおおやしろ》か、熊野大社）に納められている。これを見てみたいものだ」

そこで、矢田部造《やたべのみやつこ》の遠祖・武諸隅《たけもろすみ》を遣わして、出雲の神宝を献上させることにした。ここに登場する矢田部造は、物部同族である。

このとき神宝を管理していたのは出雲臣《いずものおみ》（出雲国造家）の遠祖の出雲振根《いずものふるね》だった。ところが、たまたま筑紫国《つくしのくに》（北部九州）に出向いていたため、弟の飯入根《いいいりね》が応対し、いわれるままに神宝を献上してしまったのだという。

出雲に戻ってきた振根は、事のいきさつを聞き激怒した。

「なぜ、私が帰ってくるのを待たずに神宝を渡してしまったのだ」

となじったのである。

怒りがおさまらない振根は、弟を殺してしまおうと考える。止屋《やむや》の淵《ふち》（出雲市の旧斐伊川《ひいかわ》か）に弟をいざない、水浴びをした。このとき振根は弟の真刀《またち》を木刀《こだち》にすり替えて、弟に斬《き》りつけた。こうして飯入根は無惨《むざん》にも亡《な》くなってしまったのである。

この事件はすぐさま朝廷に報告され、吉備津彦《きびつひこ》と武渟河別《たけぬなかわわけ》が遣わされ、出雲振根を誅殺《ちゅうさつ》したのである。

この事件があって、出雲臣等は恐縮し、大神を祀《まつ》ることを一度やめてしまったというのである。

出雲の悲劇は、これだけで終わったわけではない。第十一代垂仁天皇の時代にも受難している。

垂仁二十六年秋八月、天皇は物部十千根大連《もののべのとおちねのおおむらじ》に、次のように命じたという。これまで出雲に使いを遣わして、神宝を検校《けんぎょう》（検査し監督すること）させようとしたのに、はっきりと申す者がいなかった。だからお前が出雲に出向き、神宝を検校してきなさい、というのである。

ここにある「検校」とは、神宝を管理することなのだが、神宝をこちらの支配下におくということは、ようするに祭祀《さいし》権を奪うということで、政治を「マツリゴト」といったこの時代、祭祀権の放棄は、政治的にも屈服したことを意味している。

出雲いじめの尖兵となった物部氏

どうにも不可解なことが、いくつかある。

まず第一に、第十代、第十一代の崇神・垂仁と、ヤマト建国直後に、盛んにヤマト朝廷が出雲を牽制《けんせい》し、祭祀権を奪おうとしていることだ。すでに述べたように、祭祀権の奪取は、その土地の支配権をめぐる争奪戦でもある。

なぜ纏向《まきむく》＝黎明《れいめい》期のヤマト建設に尽力していた出雲が、この段階になって、ヤマトから煙たがられ、理不尽な要求を突きつけられたのだろう。

そして第二に、「出雲いじめ」の主役が、ことごとく「物部」の役割だったことである。崇神天皇の時代の武諸隅《たけもろすみ》は物部同族、垂仁天皇の時代の物部十千根《もののべのとおちね》は、物部そのものである。

さらに、こうなってくると、石見の物部神社の置かれた位置にも、注意をはらっておく必要がある。というのも、物部神社の伝承によれば、宇摩志麻遅命は当初、新潟県の弥彦のあたりに拠点を作ったといい、ここには物部同族の天香語山命が住みつき、さらに宇摩志麻遅命は、西に向かって石見にたどり着いたというのである。この位置どり、弥生《やよい》時代後期の出雲を象徴する四隅突出型墳丘墓《よすみとつしゅつがたふんきゅうぼ》の伝播《でんぱ》した地域を、すっぽりと覆《おお》うような形になっているのである。

これは、ヤマト建国と同時に、出雲がヤマトと敵対し、「ヤマトの物部」が、出雲を包囲したということではなかろうか。

実際石見の物部神社は、戦前まで、出雲大社とは仲が悪かったらしい。

さらに、神話にも、奇妙な符合が見いだせる。それは、出雲の国譲りが、「物部の

封印された出雲

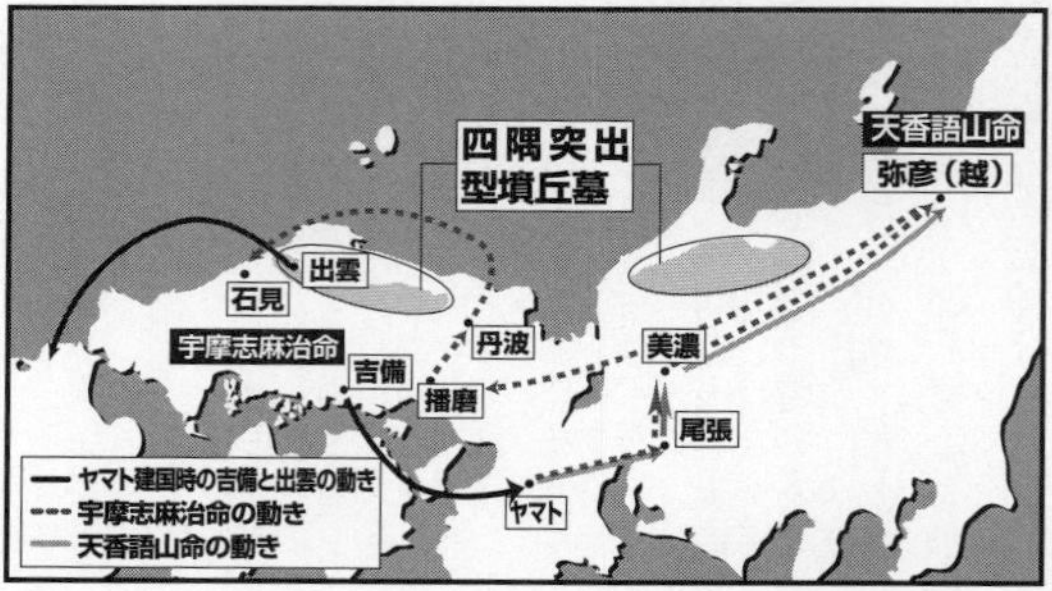

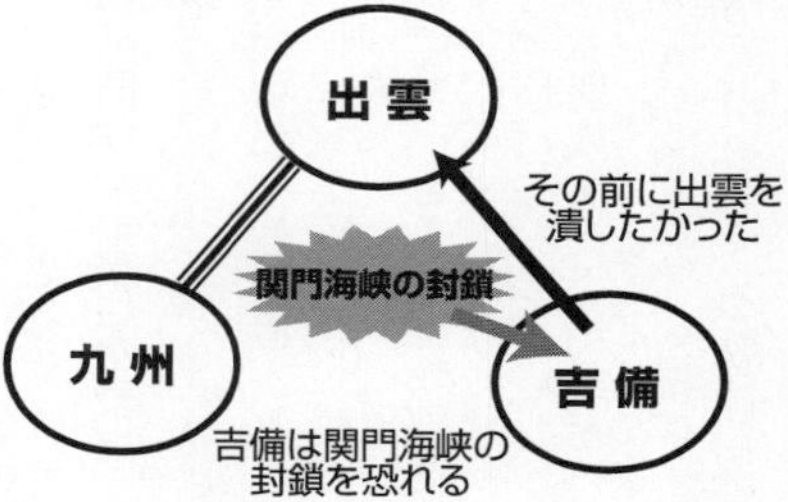

出雲いじめ」とそっくりなことだ。

垂仁天皇の時代、物部十千根が出雲に遣わされたのは、「前任者」が頼りなく、役に立たなかったからというのだが、これは、高天原《たかまのはら》から出雲に多くの神々を送り込んだのに、みな出雲に同化してしまったという神話の設定にそっくりではないか。

さらに神話では、次のようになる。高皇《たかみ》産霊尊《むすひのみこと》は最後の切り札に、経津主神《ふつぬしのかみ》を出雲に送り込み、ようやくのことで出雲の支配権を手に入れたというが、この経津主神の「フツ」は、物部氏の神宝「韴霊《ふつのみたま》」「韴霊剣《ふつのみたまのつるぎ》」の「フツ」と重なってくる。

奈良県天理市の物部氏の祀る石上神宮《いそのかみじんぐう》の主祭神は、布都御魂大神《ふつのみたまのおおかみ》で、やはり「フツ」の名を冠している。

そうなってくると、出雲の国譲り神話は、現実の歴史の中で繰り返し語られていたことになり、しかも石見には、物部氏が出雲を封印するための「楔《くさび》」を意味する物部神社が現存しているのである。

それだけではない。弥生後期の出雲に強大な首長が誕生し、日本海を股《また》にかけた交易活動にいそしんでいたことが徐々に明らかになり、だからこそ出雲の発展がヤマト建国の一大要因になっていたことが考古学的にはっきりとしてきたが、一方で、ヤマト建国後の出雲や山陰地方が、急速に力を削《そ》がれていたこともわかってきている。

しかも、出雲は「ヤマト」の象徴である前方後円墳を、なぜか拒んでゆくのである。その代わりに、小ぶりな前方後方墳《ぜんぽうこうほうふん》（読みまちがえられては困るので、付け加えておくが、これは前方後円墳ではない。前方も後方も方墳）や方墳という「へそ曲がりな埋葬文化」を選択していったのである。

そうなってくると、ヤマト建国後、出雲がヤマトの圧迫によって急速に力を削がれ、だからこそヘソを曲げていった様子は、文書と物証、両方の視点で明らかな事実となってきているということだ。しかも、その「出雲いじめ」「出雲潰《つぶ》し」の主役が物部氏だったところに問題がある。

物部は出雲であって出雲ではない

まずここで、原田《はらだ》常治《つねじ》氏の考え出した、「出雲＝物部」という発想を、そのまま受け入れることができないことに気づかされる。

もし原田氏が述べるように、物部氏が出雲出身で、この出雲の国譲りが「内ゲバ」とするならば、物部は出雲の同族を征討したのち、必ずや出雲の内部に拠点を造ったに違いない。そうではなく、新潟（越）と島根県西部（石見）から、出雲（島根県東部）を挟み込むように拠点を造ったのは、「もともと出雲は敵（あるいはライバル）」だったからだろう。

ただここで、原田氏の名誉のために弁明を許されるならば、「物部＝出雲」という発想そのものは、通説の学者が鼻で笑うように、「トンチンカンな発想」と切り捨てることはできないということである。

というのも、

「物部は出雲であって出雲ではない」

というのが、本当のところだったのではないかと、最近つくづく感じているからなのである。

これがどういう事か、少しずつ説明していかなくてはならない。

まずひとつの事実を思い返していただきたい。それは、『日本書紀』のヤマト建国をめぐる不審な記述方法だ。

『日本書紀』は神武東征以前、ヤマトには「二つのグループ」がすでに舞い降りていたと記録していた。それが、出雲の大物主神《おおものぬしのかみ》と物部氏の祖の饒速日命《にぎはやひのみこと》である。

どうにもすっきりとしないのは、饒速日命がいったいどこから飛び降りてきたのか、明確に示されなかったことである。

一方考古学は、「ヤマト建国」は、ひとつの強大な勢力の「征服」ではなく、いくつもの地域の総意によって成し遂げられていた可能性を示したのだった。その「ヤマトを組み立てたブロック」は、一つや二つではなく、「無数」といっていいほどの多様性を持っていたのである。ところが『日本書紀』は、ヤマト建国に活躍したのは

「出雲の大物主神」と「九州の神武」と、「空から降ってきた饒速日命」の三つに限定している。しかも饒速日命に関しては、

「さてさて、どこからやってきたものやら……」

と、白《しら》を切ったわけである。

通説は「それは北部九州」と断定するが、纒向に集まってきた土器の中で、北部九州のものはごくわずかなのだから、通説のいうことを鵜《う》呑《の》みにすることはできない。過去の常識に縛られず、最新の情報を重視すべきだろう。

それはともかく、原田氏の指摘するように、物部氏の祖神・饒速日命には、出雲神そっくりな諡《し》号《ごう》が与えられ、出雲神であってもおかしくはない状況が神社伝承から見いだせたのである。

出雲にひとくくりにされたヤマト建国の要素

ここで、『日本書紀』の神話に注目すれば、ヤマト建国の直前の様子を、じつに単純に語っていたことに気づかされる。多くの首長が日本列島に乱立し、混乱し、ようやくの思いでひとつにまとまったのがヤマト建国の実態であった。ところが『日本書

紀』は、このような混沌《こんとん》を、「天皇家VS出雲神」という、誰にでもわかる単純明快な図式に仕立て直してしまったわけである。

本来ならば、東海や北陸、出雲や吉備、そして北部九州といった、混乱を招いていた首長層の乱立も、二つの敵対勢力の闘争というストーリーに組みかえ、ヤマトの大王家以外はすべて、「出雲」で括《くく》られてしまったのではないかと思えてくるわけである。

つまり、もし仮にヤマトの王家が九州からやってきたのなら、それ以外の東海や北陸、出雲や吉備といった地域は、神話の中では十把《じっぱ》一絡《ひとから》げに「出雲」と呼ばれてしまったのではあるまいか。

そう考えると、「物部の祖神が出雲神によく似ている」という話は、「物部の祖神は、最後にヤマトにやってきた神武とは別のグループに属していた」というふうにとらえ直すことが可能なのではないかと思えてくるのである。

そして、ここでもうひとつ、『日本書紀』の「巧妙な仕掛け」を見いだすことが可能だ。

というのも、纏向には多くの地域が集まっていたことが確かめられたが、それは「ドングリの背比べ」ではなかったということだ。

核となる勢力が存在したのであり、それが「吉備」だった。すでに触れたように、吉備は特殊器台という祭祀のための土器をヤマトに持ち込み、ヤマトの宗教観に多大な影響を及ぼしていたのである。

さて、『日本書紀』は、「吉備」を特別視している。

というのも、『日本書紀』は、「吉備」について、「ヤマト建国に参加していたのかどうか、まったくわからない」とでもいいたいのか、出雲の国譲りに関しても、神武東征に関しても、「吉備」を文面に登場させていないのである。

わずかに、神武東征に際し、神武一行が吉備に立ち寄って軍備を整えたとあるのみで、吉備がヤマト建国にどのような影響を及ぼしたのか、まったく知らんぷりである。

ひょっとして、饒速日命が「いずこからともなくヤマトに舞い降りた」という話は、吉備からヤマトへの「東遷《とうせん》」だったのではあるまいか。

吉備に関しては、もうひとつ不可解なことがある。ヤマト建国以外の場でも、吉備に関して、『日本書紀』は冷淡なのだ。

たとえば吉備が初めて文面に登場するのは、イザナギとイザナミの国生み神話の中でのことだった。

■■「吉備」を無視した『日本書紀』■■

ヤマトを治める勢力

▼

吉 備

（にもかかわらず）

▼

には登場しない

▼

吉備を治めるのは誰か？
どのような人びとが活躍したか？

不明

イザナギとイザナミは、淡路洲《あわじのしま》（兵庫県淡路島）を胞衣《えな》にして、次から次と子を生んでいった。まず大日本豊秋津洲《おおやまととよあきつしま》（本州島）を、次に伊予二名洲《いよのふたなのしま》（四国）を、そして筑紫洲《つくしのしま》（九州）を生んだ。次に、億岐洲《おきのしま》（隠岐島）と佐渡洲《さどのしま》（佐渡島）の双子が、次に越洲《こしのしま》（北陸から新潟）を、次に大洲《おおしま》（屋代島《やしろじま》）、そして吉備子洲《きびのこしま》（岡山県南東部の児島《こじま》半島。古くは島だった）を生み、ここに初めて大八洲国《おおやしまのくに》の名が起こったのだという。

吉備はなぜよくわからないのか

このように、吉備の児島は、小さな島なのに、日本を構成する八つの島々の中に選ばれていたのだ。それはもちろん、この地域が重要な意味を占めていたからにほかなるまいが、ここからあと、神話の中でも歴史時代に入っても、「吉備の人」が、どこでどのように活躍していたかとなると、ほぼ、記事は消えて無くなり、よくわからないのである。

ここにいう「わからない」というのは、吉備をいったい誰が治めていたのか、どのような系譜を持った人びとが、活躍していたのか、よくわからないということである。

『日本書紀』や『古事記』、吉備周辺の神社伝承を総合すれば、吉備を最初に平定したのは、第十代崇神《すじん》天皇の時代に四道将軍《しどうしようぐん》の一人として山陽道《さんようどう》に遣わされた吉備津彦ということになる。『日本書紀』は吉備津彦命《きびつひこのみこと》を「西道《にしのみち》（山陽道）」に、『古事記』には、大吉備津日子命《おおきびつひこのみこと》と腹違いの弟・若建吉備津日子命《わかたけきびつひこのみこと》（若日子建吉備津日子命《わかひこたけきびつひこのみこと》）とが、針間《はりま》（播磨）から入って吉備国を「言向《ことむ》け和《やわ》した（平定した）」という。

ここに登場する「吉備」の名を冠した人びとは、第七代孝霊《こうれい》天皇の皇子であり、吉備出身ではない。ただ、こののちも吉備とは深く結びついていく。というのも、大吉備津日子命は吉備の上道臣《うえつみちのおみ》の祖で、若建吉備津日子命は、吉備の下道臣《しもつみちのおみ》と笠臣《かさのおみ》の祖だからである。また、『日本書紀』によれば、吉備津彦命《きびつひこのみこと》（彦五十狭芹彦命《ひこいさせりびこのみこと》）の腹違いの弟の稚武彦命《わかたけひこのみこと》が「吉備臣の始祖」とある。

このように、第十代崇神天皇の時代、ヤマト朝廷が吉備を平らげ、しかも皇族の末裔《まつえい》が、後々吉備を支配するようになったというのが、『日本書紀』の言い分なのだが、吉備はヤマト建国の直後に、実在したヤマト朝廷の初代王であった可能性が高いのだから、吉備はヤマト建国の直後に、ヤマトの新たな体制に組み敷かれた、ということになる。これは考古学の指摘とは真っ向から矛盾する。

その一方で、吉備津彦の姉が倭迹迹日百襲姫命《やまとととひももそひめのみこと》であったという話は、無視できないものがある。倭迹迹日百襲姫命は、すでに触れたように、大物主神の妻になったヤマトを代表する巫女《みこ》であり、また、葬《ほうむ》られた箸墓《はしはか》（箸中山古墳《はしなかやまこふん》）は、ヤマト建国を象徴する前方後円墳と考えられているからである。

さらに付け加えるならば、ヤマトタケルの母方の祖父について、『古事記』は、若建吉備津日子命としている。また、ヤマトタケルの妃に、「吉備」の名を負ったものがいる。ヤマトタケルは、吉備と多くの接点で結ばれていたのだ。

物部と吉備にやられる出雲

ヤマトタケルと吉備を結ぶ系譜には興味深い符合がある。

ヤマトタケルといえば、南部九州の熊襲《くまそ》（隼人《はやと》）征討と東国平定の話が名高いが、じつは南部九州を征討した帰り道、出雲に立ち寄っていたことは、あまり知られていない。出雲で何をしていたかというと、出雲建《いずもたける》（出雲の勇猛な人の意味）をだまし討ちにして殺してしまったのだった。

『古事記』には、ヤマトへの帰途、ヤマトタケルは、「出雲建を殺そうと思い、出雲建に近寄り、友になった」とある。

そうしておいて、ヤマトタケルは、贋《にせ》の刀（木刀《こだち》）を携えて、肥河《ひのかわ》で出雲建と沐浴《もくよく》をした。ヤマトタケルは先に水から上がり、「刀を交換しよう」ともちかけ、出雲建の刀を手にし、「いざ、刀を交えよう」と、挑発したのだった。

こうして、出雲建は、あえなく滅ぼされてしまったのである。

すでにお気づきとは思うが、この話、物部の出雲いじめに際し、出雲振根が弟をだまし討ちにした話とそっくりである。

出雲振根の弟は、「物部」が遠因で受難し、出雲建は、「吉備津彦の孫」に殺された。出雲は、かならず「物部か吉備にやられる」のである。

この点、物部と吉備のつながり、という点に関しても、「吉備津彦の孫のヤマトタケル」の活躍は、興味深いものがある。

ちなみに、『日本書紀』には、この「ヤマトタケルの出雲いじめ」の話は載っていない。その代わり、「ヤマトタケルの吉備いじめ」なら載っている。

熊襲征伐からヤマトへの途次、ヤマトタケルは吉備に着き穴海《あなのうみ》（広島県福山市）を渡っていると悪い神がいた。そこでこの神を殺してしまったというのである。

記紀二つの話を重ねてしまえば、ヤマトタケルと吉備津彦の活躍は、ほぼ重なってしまうことになりそうだ。いずれにせよ、ベクトルは、ヤマトから吉備、吉備から出雲ということになる。

さて、吉備には吉備津神社があって、伝承によれば、その昔、吉備津彦が吉備を平定したのち、吉備の中山の麓《ふもと》に「茅葺宮《かやぶきのみや》」を建て、ここに拠点を設けて吉備を統治したという。二百八十一歳で亡《な》くなられると、吉備の中山の山頂の茶臼山《ちゃうすやま》（前方後円墳）に葬られたという。のちにふたたび触れるように、この吉備津彦こそが、桃太郎のモデルと考えられている。ようするに、吉備津彦こそが、ミスター吉備なのである。

ところが、ここが「吉備」の謎《なぞ》めくところなのだが、吉備の上道臣《うえつみちのおみ》も、下道臣《しもつみちのおみ》も、どちらも吉備津彦の末裔ではないのである。

もうひとつ付け加えるならば、この、孝霊天皇から生まれ出た皇族たちは、吉備に遣わされたと記されているが、その後、吉備にとどまり、吉備で活躍した気配はなく、どこにも記されていない。そうなると、これらの話は、『日本書紀』がでっち上げた系譜であった可能性が出てくる。

本当の吉備の豪族の系譜とは？

その一方で、こちらが本当の吉備臣の系譜ではないかと思われる話が、『日本書紀』

■■「桃太郎」のモデルになった吉備津彦■■

吉備津彦神社（岡山県岡山市北区一宮）

吉《き》備《び》津《つ》彦《ひこ》

第10代崇神天皇の時代
四道将軍の1人として山陽道に
遣わされる

▼

吉備を最初に平定して統治する

▼

「桃太郎」のモデルに

の第十五代応神《おうじん》天皇の段に出てくる。

応神二十二年春三月、天皇は難波《なにわ》に行幸し、大隅宮《おおすみ》（大阪市東淀川区《ひがしよどがわ》）にとどまられた。応神が高台に登って遠くを見やると、妃の兄媛《えひめ》が、西の方角を向いてお嘆きになった。『日本書紀』によれば、兄媛は吉備臣の祖・御友別《みともわけ》の妹なのだという。だから、吉備の父母を懐《なつ》かしんだのである。

兄媛はしばらく故郷に帰って、親の面倒をみたいと申し出ると、応神はすぐに許した。

こうして兄媛は、難波の津（港）から船で吉備に帰っていったのだった。

秋九月、応神は淡路島で狩猟をされ、さらに小豆島《しょうどしま》に渡り、狩猟をされた。

このあと、葉田《はだ》の葦守宮《あしもりのみや》（岡山県岡山市）に移られると、御友別が参内《さんだい》し、兄弟や子孫らが、「膳夫《かしわで》」として奉仕した。つまり、食事を貢献したのだが、これは服属儀礼で、この話は一見してのどかな話のようでいて、じつは政治的な話でもあるのだ。

それはともかく、応神天皇は御友別の忠誠を喜び、吉備国を割いて、川島県《かわしまのあがた》（岡山県浅口《あさくち》市のあたり）を長男の稲速別《いなはやわけ》に封じられた。これが下道臣の始祖であるという。次に、上道県《かみつみちのあがた》（岡山市）を第二子の仲彦《なかつひこ》に封じられた。これが上道臣と香屋臣《かやのおみ》の始祖であったという。そして、三野県《みののあがた》（岡山市の北側）を弟の弟彦《おとひこ》に封じた。これが三《み》野臣《ののおみ》の始祖である。さらに、波区芸県《はくぎのあがた》（岡山県笠岡市付近か）を御友別の弟の鴨別《かもわけ》に封じた。これが笠臣の始祖であるという。

このあと、さらに、親族にそれぞれ支配領域が与えられ、「これらの子孫が、吉備国にいるのは、こういう由縁である」と話を締めくくっている。つまり、吉備臣の系譜は、この応神天皇と御友別の話に求められるわけである。

この系譜の特徴について門脇禎二《かどわきていじ》氏は『吉備の古代史』（NHKブックス）の中で、吉備の首長たちが、かつて吉備の地で「王」として君臨していた時代の系譜だといい、吉備王の系譜の中心に立ち宗主となっていたのは御友別で、「吉備国」全体を支配し、他の者たちが、内部の諸地域を支配していたことを示しているとした上で、次のように述べている。

吉備王の系譜を右のような特色で理解するわたくしは、がんらいの体制を、もしこの系譜の特色だけにかかわらせていえば、〝首長の結合〟と表現したい。同盟や連合の語の意味・内容を明確にすれば、〝首長同盟〟〝首長連合〟といいかえてもよいとする。たしかにそのとおりなのかもしれないが、どうにもよくわからないのは、吉備は、五世紀にいたるまで、ヤマトの天皇家と対等であるかのような、巨大な前方後円墳を造営していたことである。

このような例は、「例外中の例外」であり、なぜ吉備に限って、「天皇家と肩を並べることを許されていたのか」その理由がわからないのである。これら、始祖系譜は、「吉備がヤマト朝廷の主役になった過去の栄光」を、まったく説明していない。『日本書紀』の吉備氏にまつわる記事の最大の問題点は、こういう単純なところなのである。

ヤマト建国の考古学

勇み足は禁物。ここで順番が逆になったが、ヤマト建国直前の弥生時代後期の、西日本の動静を、考古学を中心に振り返ってみよう。

かつて弥生時代といえば、「北部九州の独り勝ち」というイメージが強く、またもうひとつの対抗勢力として、畿内《きない》が想定されていた。青銅器文化圏も、おおまかに見て、北部九州とヤマトの二大勢力圏の対立と拮抗《きっこう》が、存在していたと考えられていたのである。だから、「出雲はなかった」というのが、史学界の常識だった。ところが昭和五十九年（一九八四）島根県松江市の西南の簸《ひ》川《かわ》郡斐《ひ》川《かわ》町の農道建設予定地から、大量の青銅器が発見されて、それまでの通説は通用しなくなった。これが、史学界を震撼させた荒神谷《こうじんだに》遺跡の発見である。

荒神谷遺跡は、何から何までもが破天荒だった。たとえば、それまで全国の遺跡から発見された銅剣の総数は三〇四本だったが、荒神谷の場合、一か所の遺跡から三五八本もの銅剣が一度に出土してしまったのである。

興味深いのは、『出雲国風土記《いずものくにのふどき》』の大原郡神原《おおはらのこおりかむはら》の郷《さと》の段に、

天《あめ》の下造《したつく》らしし大神の御財《みたから》を積み置き給ひし処《ところ》なり

とあって、荒神谷遺跡の近辺は昔、大己貴神《おおなむちのかみ》の神宝を埋めた場所だったと記録されていたことである。

やはり、伝承というのはバカにできないものなのだ。

それはともかく、荒神谷遺跡から東南三キロの場所からも、平成八年（一九九六）の十月、大量の銅鐸《どうたく》が発見され、考古学者の度肝を抜いた。加茂《かも》岩倉《いわくら》遺跡（雲南市）の

出現である。

一か所の遺跡から発見された銅鐸は、それまで最多は二四個だったのに、ここでは三九個で、出雲の青銅器文化が見直されるようになったわけである。

出雲では、弥生時代後期の初めに、それまでは集落ごとの祭祀《さいし》に用いてきた青銅器を、いくつもの集落を束ねる首長の四隅突出型墳丘墓に埋納し、その上で、新たな首長を祀《まつ》るという祭祀様式に変化していったようなのだ。そして中国地方で生まれた四隅突出型墳丘墓という埋葬文化を、日本海づたいに各地に伝播《でんぱ》させていったのである。

このような出雲を中心とする弥生時代後期の日本海文化圏の発展の様子は、島根県の東隣の鳥取県で発見された、妻木晩田《むきばんだ》遺跡や青谷上寺地《あおやかみじち》遺跡の発掘品からも知ることができる。

鳥取県の遺跡の重要な点は、山陰地方の弥生時代後期の発展を証明しているだけではない。殺傷痕《さつしょうこん》を伴う大量の遺体が発見されるなど、ちょうど「倭国大乱《わこく》」の時代にあたる戦闘の痕跡が見られることで、邪馬台国《やまたいこく》やヤマト建国にいたる道のりの、「生き証人」になる可能性が出てきたことである。

史学界を震撼させた遺跡群

荒神谷遺跡（島根県簸川郡斐川町）
一度に358本もの銅剣が発見された

加茂岩倉遺跡（島根県雲南市）
一度に39個の銅鐸が発見された

弥生時代後期の山陰地方にあふれ出した鉄

山陰地方の弥生時代後期の遺跡の姿が明らかになってくると、ひとつの重要な事実が浮かび上がってきた。それは、この時代、山陰地方には、大量の「鉄」が流入していたことが、はっきりとしたのである。

なぜ歴史を考える上で「鉄」が大切なのかというと、これには少し説明が必要だ。まず先に種明かしをしてしまうと、弥生時代後期、山陰地方に鉄は流入したが、ヤマトは逆に、深刻な鉄欠乏症に悩まされていたのだ。ところが、纏向の建設とほぼ同時に、山陰や吉備から、大量の鉄が流入していた可能性がでてきているのである。

それならば、なぜ弥生時代後期の鉄の「偏在」が起きていたというのだろう。

日本列島に本格的に鉄器が流入したのは紀元前一世紀前半以降とされていて、朝鮮半島にも同じころ鉄器が普及している。

それ以前にはなぜ鉄は普及しなかったのか、また、なぜこの時期を境に、鉄器が日本にやってきたのだろう。

じつは、前二世紀中葉から前一世紀初頭にかけて、前漢の武帝が、強敵の匈奴《きようど》に鉄

■■山陰地方に鉄があふれ出した■■

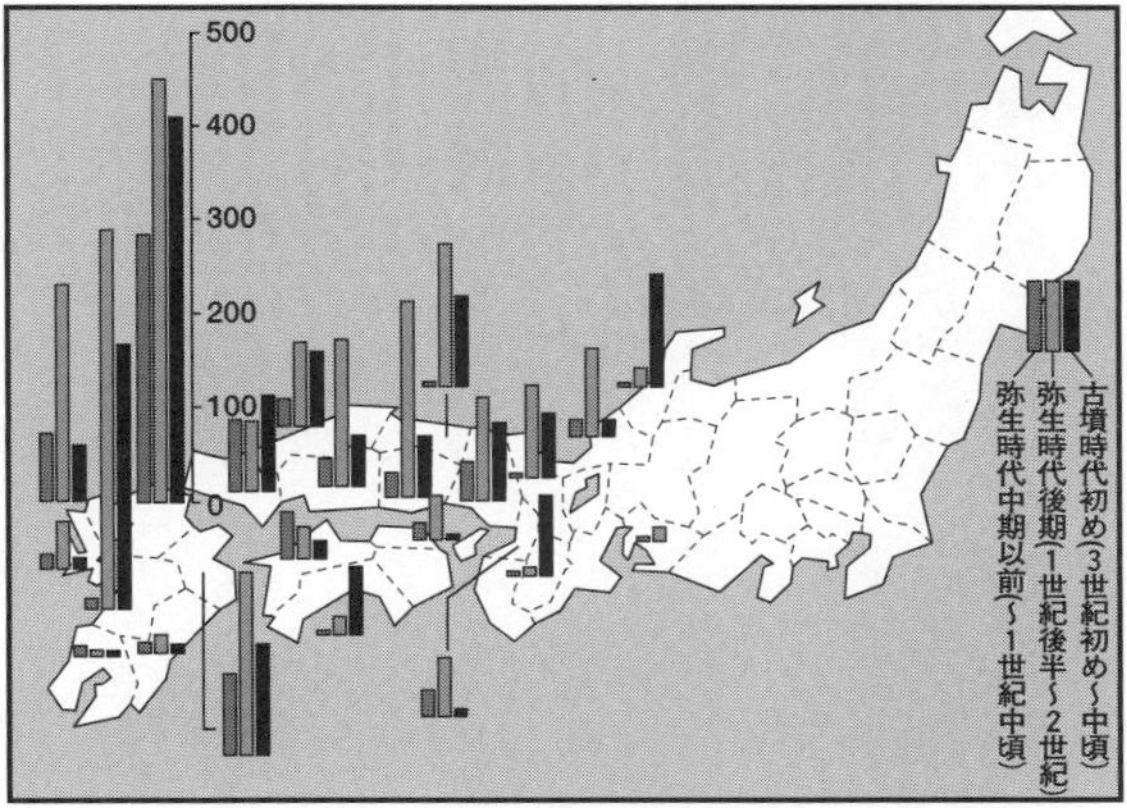

県別に見た鉄器の出土数（弥生時代中期以前・後期・古墳時代）
弥生時代には、鉄器が北部九州に集中していたが、荒神谷遺跡などの発掘によって山陰地方にも大量に流入していたことが証明された。（『日本の歴史02　王権誕生』〔寺沢薫著　講談社刊〕の213pを参考に作成。少ない出土数の県は省略）

器が渡らないように関所を設けていたらしく、そのとばっちりを、日本列島も受けていたという（川越哲志『弥生時代の鉄器文化』雄山閣）。そして、このような禁が解かれたと同時に、朝鮮半島と北部九州に、鉄器が流入しているのである。

　一般に鉄器の保有量の差は、「武力の差」と考えられがちだが、それよりも大切なことは、鉄器の普及によって農業生産の効率が上がり、地域が豊かになることの方だ。人口が増え、富が蓄えられ、それに伴い、軍事力も増大するからだ。

このように、「鉄」は「富と力」をもたらす「財」だから、その「鉄」そのものと「生産技術」は、なかなかよそには伝わらないものだった。日本でも、弥生時代、鉄は基本的には北部九州が独占的に所有していたのであり、畿内とその周辺には、ほとんど鉄が流れ込まなかった。

この弥生時代後期の鉄器の保有量の差があるものだから、邪馬台国北部九州論者は、「邪馬台国がヤマトにあったはずがない」と主張してやまないのである。

だが、ヤマト建国直前の西日本の鉄事情は、もう少し複雑な様相を示している。それを明らかにしたのが、山陰地方の青谷上寺地遺跡や妻木晩田遺跡だったのだ。また、山陰地方ともう一か所、吉備も、この時期鉄を保有することに成功している。

本来なら北部九州が独占したかっただろう鉄が、なぜ山陰地方と吉備に流通したのだろう。それにもかかわらず、なぜヤマトには、鉄がまわってこなかったのだろう。ここには複雑なカラクリが用意されていたようなのだ。

なぜ「鉄」が重要なのか?

鉄器の普及 = 農業生産の効率が上がる

▼

人口も増加して富も増える

▼

軍事力の増大

||

国力も増大

↓

鉄を独占したい勢力が現れる

なぜ北部九州が栄えたのか

なぜ北部九州が弥生時代の日本をリードし、しかも鉄の寡占《かせん》状態を作り出すことができたのかというと、それは「地理」が大きな意味を持っていた。

まず、北部九州には博多《はかた》湾という天然の良港がある。ここから北に向かって、壱岐《いき》、対馬《つしま》と、ちょうど朝鮮半島まで飛び石状に島が横たわる。海人《あま》にとっての「止まり木」が、まるで設計したかのように連なっていたのである。

朝鮮半島にもっとも近く、もっとも安全に通行できる条件が、北部九州に備わっていたのであり、最先端の文化が北部九州に流れ着き、また、海外との交易が、盛んに行われる下地ができあがっていくのである。

問題は、なぜ「鉄」は、北部九州にやってきてもヤマトには回されなかったのか、ということなのである。

北部九州の倭王が、かつては鉄を一元的に交易する権利を持っていたが、相手の後《ご》漢《かん》帝国が衰退したことで、後漢→倭国王という正規ルートを通さなくとも、鉄の輸入が解禁されたこと、二世紀後半が小氷河期だったことが、まず倭国大乱の下地を造ったという説がある（大和岩雄《おおわいわお》『新邪馬台国論』大和書房）。

鉄の安定した交易ルートが破壊され、それを修復するために、北部九州は、規制を厳しくし、だから、かえってヤマトの鉄不足が起こっていたということなのだろうか。

おそらくこういうことではなかったか。後漢が匈奴に鉄の渡るのを恐れたのと同じ理由である。すなわち、弥生時代のある時期まで、青銅器は瀬戸内海をはさんで東西に二大文化圏を形成していたのであって、片方の雄・畿内勢力に、北部九州は鉄を渡したくなかったのだろう。

というのも、いったん畿内が力をつけてしまえば、これを攻め滅ぼすことは、地理的条件からいってむずかしかったからだ。このことは、

「太陽に向かって攻めた私がバカだった」

と、神武をあわてさせたことからも、理解いただけると思う。瀬戸内海側からのヤマト攻めは、大きなリスクを伴うのである。

また逆に、他の拙著の中でくり返し述べてきたように、ヤマトの攻撃に耐えることができぬという地理的欠点を、北部九州は抱えていた。

そうなると、北部九州の選択肢は、ひとつしかない。それは、「何がなんでもヤマトに力をつけさせるわけにはいかない」のであり、ヤマトを雪隠詰《せっちんづ》めにするほか、手

はないのである。

近藤喬一《こんどうたかいち》氏は『古代出雲王権は存在したか』（松本清張編　山陰中央新報社）の中で、北部九州が瀬戸内海を死に体にし、ヤマトをいじめるために、日本海と瀬戸内海を結ぶ関門海峡を封鎖する手に出たのではないかとして、次のように語っている。

畿内は関門を抑えられたら出れないわけですよ。そら、エジプトなんかよくやるじゃないですか。運河を閉鎖する

ありうる話で、関門海峡は最も狭い部分（早鞆《はやとも》ノ瀬戸《せと》）の幅は約七〇〇メートルというから、川のような流れであり（最速八ノット）、海の関所にぴったりの場所だ。北部九州が関門海峡を封鎖すれば、瀬戸内海は死に体となり、当然ヤマトでは鉄の枯渇が起きていただろう。また瀬戸内海がだめでも、ヤマトにすれば山陰地方を通じての日本海ルートも想定可能だ。もちろん北部九州はそれを承知していたようで、だからこそ、弥生時代後期、山陰と吉備には、鉄を流し、その見返りに、「ヤマトには鉄を渡さないように」という密約ができていた可能性が高い。弥生時代後期の山陰と吉備の発展は、このような北部九州との連帯によって発展したと考えられる。

また、岩橋孝典《いわはしたかのり》氏は、古墳時代直前が出雲のもっとも輝いていた時代だったとした。後期中葉以降、出雲には北部九州の土器が増加しているのも見逃せないと指摘する（『山陰弥生文化公開シンポジウム　山陰ＶＳヤマト　二〇〇三年』）。他の地域では、このような現象は起きていないというのである。

吉備が発展する条件

出雲の弥生時代後期の発展は、こうして読み解くことができた。それでは問題の吉備はどうなのだろう。

吉備が発展する理由は簡単なことだ。

まず第一に、目の前に瀬戸内海が広がっている。瀬戸内海の優位性は、内海で安全なこと、多島海であり海底の地形が複雑で、そのため潮の満ち引きによって、潮の流れが加速されることである。

潮が速いために、引き締まった魚が多いことでも知られるが、船乗りにとって、「潮」と「地形」の知識をつければ、体力を損なわずに瀬戸内海を往復できたのである。額田王《ぬかたのおおきみ》の万葉歌に、「月」を待って船出する、というものがあるが、これも瀬戸

■■吉備が発展した理由は？■■

海上交通の中心
瀬戸内海 ＝ 多島海で潮の満ち引きが複雑

↓

潮の流れが入れ替わる場所

＝

吉備は「潮待ち」する場所に

↓

海上交通の要衝として栄える

前方後円墳の原型は吉備で発達した（楯築墳丘墓）

内海の潮の満ち引きを利用した航海を前提に考えると判《わか》りやすい。

特筆すべきは、干潮時と満潮時の境、あるいは、満潮時と干潮時の潮の流れの逆転が、ちょうど吉備の付近で入れ替わることだ。つまり、潮を利用して瀬戸内海を航海するのだから、どうしても吉備のあたりに一度「潮待ち」で待機する必要があった。だから、瀬戸内海を行き交う船は、吉備を目指したのである。当然、吉備は瀬戸内海の要衝になった。

こうして吉備は栄え、富が蓄えられた。二世紀末から三世紀の初頭にかけて、まさにヤマトの纏向が誕生する前夜、吉備には前方後円墳の原型となる楯築墳丘墓《たてつきふんきゅうぼ》が出現し、その墳丘上で、特殊器台形土器《とくしゅきだいがたどき》や特殊壺《とくしゅつぼ》を用いて首長霊《しゅちょうれい》を祀り始めたのである。

ちなみに、特殊器台形土器は、首長が埋葬されたのち、墓上で破壊され、他の土製品や鉄製品とともに積み上げられた。

この、吉備で執り行われた墳丘墓上の秘儀が、そのまま纏向に持ち込まれた。また楯築墳丘墓は、円を中心にして前後両方に方丘が築かれるという特殊な形をしていたが、この型式が変化し、前方後円墳に引き継がれていったことは間違いない。前方後円墳の原型は、吉備で発達したのである。

つまり、中国地方でもっとも強大な勢力に発展した吉備は、三世紀に纏向の中心勢力となって、ヤマト建国に邁進《まいしん》していったと考えられるのである。

もちろん、邪馬台国畿内論者や北部九州論者にとって、吉備の存在は目障《めざわ》りでしょうがないだろうし、これまでは、「吉備はヤマトに従属していた」とか、「吉備よりも北部九州のほうがヤマト建国には貢献していた」とする考えが強かった。だが、もうこれ以上吉備を無視していくことはできなくなりつつある。

特殊器台形土器の特殊な歴史

吉備を考える上で重要な意味を持っている、特殊器台形土器について、もう少し詳しく述べておこう。

特殊器台とはいったい何なのだろう。この、化け物のように巨大な祭器を考える上で重要な意味をもってくるのは、その原初的な祭祀形態である。弥生時代中期後葉から始まった「相嘗《あいなめ》（神々と一緒に食事をし、酒を飲む）」の呪術《じゆじゆつ》の盛衰と特殊器台は密接にからんでいたようなのだ。瀬戸内海から畿内にかけての地域で、集落の広場に、新穀や酒を入れた壺や甕《かめ》を器台に乗せて、人びとが相嘗の儀式を行っていた。

ところが、弥生時代後期になると、このような祭祀形態に変化が起きている。各地の「相嘗」が、特別発展するようなことはなかった（むしろ下火になりかけていた）のに、吉備に限って、後期後葉にいたり、壺や甕を置く器台が化け物と呼んでいいほど、巨大化した。本来なら二〇〜五〇センチだったものが、一メートルを越え、人の背丈に迫る大きさになり、呪術的で華美な文様が施されるようになった。これが、いわゆる特殊器台である。

特殊器台形土器が異彩を放っていたのは、大きさだけではなかった。吉備では、「村人たちが季節になると、相嘗の祭りを執り行った」というそれまでの風習が消え、首長の埋葬祭祀の行事に際し、墳丘墓上に器台を並べ、祭りが執り行われたのである。

つまり、自然神に対する信仰から、首長を神格化する方向に、吉備（その中でも備《びっ》中《ちゅう》が核となった）だけが変化していったわけである。

そして、この、吉備に起きた特殊器台による墳丘上での祭祀が、ヤマトの前方後円墳に採用されていくのである。また、特殊器台は、やがて円筒形埴輪《えんとうがたはにわ》、朝顔形埴輪《あさがおがた》と変化していき、これらの埴輪が相嘗による首長霊の鎮魂と継承祭祀の象徴的な呪具となって、前方後円墳とともに全国展開の様相を示すようになっていくわけである。

特殊器台形土器をめぐるもうひとつの問題は、吉備とヤマトのつながりだろう。

特殊器台とはいっても、変遷《へんせん》があって、もっとも古い部類にはいるのが、有名な弥生時代後期後葉の楯築《たてつき》墳丘墓や立坂《たちざか》墳丘墓から出土した「立坂型」で、楯築墳丘墓の首長を祀るために、特殊器台が誕生した可能性が高い。その後の吉備の墳丘墓に、特殊器台・特殊壺が使用され、「立坂型」は「向木見型《むこうぎみがた》」、「宮山型《みややまがた》」と変遷し、今度は最古型式の埴輪、「都月《とつき》型《がた》円筒形埴輪・壺形埴輪」へと進化していったわけである。

問題は、宮山型特殊器台が箸中山《はしなかやま》古墳（桜井市の箸墓）や西殿塚《にしとのづか》古墳（天理市）などで発見されたこと、かたや吉備においては、宮山型特殊器台が発見されたのは、総社市の宮山古墳だけで、しかもヤマトの宮山型特殊器台を伴う古墳と比べると、規模が圧倒的に小さいのである。

弥生時代後期後葉の吉備で特殊器台形土器が盛行したにもかかわらず、やがてヤマトの纒向に箸中山古墳が完成したとき、この特殊な土器の「勢力圏」は、完璧《かんぺき》にヤマト側にシフトしていたわけである。

ヤマト建国の中心に立っていた吉備

これらの考古学上の成果を受けて、大和岩雄氏は『新邪馬台国論』（大和書房）の中で、次のように述べている。

このように吉備で用いられた祭具が大和で多く用いられていること。さらにそれらの古墳は吉備の宮山古墳よりけたはずれに巨大であることからみても、吉備でおこなわれていた祭事《まつりごと》を、大和の纒向及びその周辺にもちこんだ集団は、箸墓古墳など巨大古墳にかかわっていたことが推測できる。箸墓古墳などから出土する特殊器台の文様と似た文様の呪具が、纒向遺跡から出土していることからみても、纒向の地に「突如」三世紀初めに出現した都市的集落は、吉備と深くかかわっている

このような考えは、近年急速に広まっているのだが、同様な発想は、寺沢薫《てらさわかおる》氏の次のような発言にも見られる（『日本の歴史02 王権誕生』講談社）。

まず、ヤマト建国は、筑紫、吉備、播磨、讃岐《さぬき》、出雲、近畿のどこかひとつが、強大化して乱世を制する形で生まれたのではない、としたうえで、

あたかも明治維新の新生明治政府が幕末の「薩、長、土、肥」権力のどこか一つではなく、まさに連合新政府として首都東京の町に打ち建てられた時のように、そのカードを握ったのはキビの王だった、と私は思う

というのだ。

寺沢氏の指摘は重要な意味を持っていると思う。つまり、乱世を収拾するために多くの地域が妥協し、ヤマトに集まった。しかも独裁権力を握ったのではないかもしれないが、中心に立っていたのは吉備だった、というのである。

話は前後するが、先述の大和岩雄氏は、ヤマト建国のいきさつについて、吉備を絡《から》めた独自の推理を働かせている。

それによれば、倭国の女王・卑弥呼《ひみこ》の住まう邪馬台国は、北部九州にあったといい、卑弥呼の宗女《そうじょ》・台与《とよ》の時代、北部九州の邪馬台国が東に遷《うつ》ってヤマトは完成した、というのである。そして、その時ヤマトに集まっていた首長層の核となっていたのが、吉備だったとする。

なぜこのような推理が生まれたのか、簡略に記しておこう。

まず纏向遺跡は三世紀初頭にヤマトの地に登場し、三世紀半ばに、突如規模を二倍以上に拡大していたと大和氏はみなす。しかもその時期が、ちょうど台与が王に立ったときとほぼ重なるというのである。

ではなぜ、卑弥呼の時代に纏向が生まれ、しかも卑弥呼ではなく台与が、纏向に移ってきたというのだろう。

まず、倭国は交易組合的な寄合であって、交易活動に北部九州はどうしてもはずせない場所だったことを大前提に掲げた上で、台与の時代に都を東に遷した理由を大和氏は次のように述べる。

交易組合的倭国にとって重要政策の第一であった外交政策を、台与即位後に内政に転換したことである。内政の最大課題は東方政策だったから、外交政策上西に置いた王都を東に遷したのである（『新邪馬台国論』）

ただ、吉備については、この王家をバックアップした集団の、中心的存在とするにとどめている。

ヤマトと北部九州の複雑な関係

大和岩雄氏の着想にはいつも感服させられるし、ヤマトの中心に吉備がいたという指摘は首肯できる。だが、台与の東遷《とうせん》についてては、強い不満を抱く。というのも、北部九州の邪馬台国の「女王」台与が東遷してヤマトが完成したというのなら、なぜ『日本書紀』は、「神武東征説話」を構築したのか、その理由がわからなくなるからである。

さらに、大和岩雄氏は、考古学を中心にヤマト建国を解き明かそうとしているが、そうなると、物部氏の素性がなぜ抹殺されているのか、なぜヤマト建国後の石見《いわみ》に、物部が逼塞《ひっそく》したのか、なぜこのころ、出雲を物部が繰り返しいじめなければならなかったのか、あるいは、そういう設定を『日本書紀』が構築しなければならなかったのか、これら『日本書紀』が示した「謎《なぞ》かけ」に、まったく答えることができないのである。

さらに、考古学的にみても、「台与の邪馬台国の東遷」という大和氏の説を素直に受け入れることができない。

というのも、纏向遺跡がヤマトに誕生してすぐのころ（大和氏のいう邪馬台国東遷の直前の時代）の文物の流れは、それまでの弥生時代の「西から東」ではなく、「東から西」に変わりつつあったからである。

たとえば纏向出現とともに、ヤマトに生まれた土器を庄内式《しょうないしき》と呼び、また、纏向に生まれた初期的な前方後円墳を纏向型前方後円墳と呼んでいるが、庄内式土器も纏向型前方後円墳も、どちらも北部九州の沿岸地帯に伝播《でんぱ》していたからである。

この現象の何が問題なのかというと、これまで述べてきたように、北部九州は、弥生時代後期、西日本の主導権を握り続けるために、ヤマトの成長を抑えることを画策していたはずだ。ところが、いったんヤマトが急成長を始めると、北部九州は新たな潮流に圧倒されたかのように、「ヤマト」を受け入れていたことになる。

問題を「ヤマトと北部九州」という対立軸だけで考えると、「ヤマトを受け入れた北部九州」は、一見矛盾している。ヤマトをいじめ優位に立っていたはずの北部九州が、なぜヤマトに生まれた潮流に圧倒されるかのような事態に陥っていたのだろう。

一部の学者の中には、「これはヤマトが北部九州を武力征圧し、北部九州の人びとをヤマトが徴用した」という意見があるが、大和岩雄氏は、このような考えを真っ向から否定している。なぜなら、纒向で生まれた前方後円墳には、北部九州の埋葬文化も加えられていくからであり、これはヤマトによる北部九州に対する征圧がなかったことの証拠だ、とするのである。

このあたりの話は複雑で頭が混乱する。けれども、冷静に「物証」を見つめ直せば、謎を解く糸口はどこかに隠れているものだ。というのも、ヤマトで生まれた纒向型前方後円墳の分布地域が、筑後川の北側で止まっていることが重要な意味を持ってくる。

なぜこれが不思議かというと、邪馬台国北部九州論の最有力候補地「山門《やまと》」や「御《み》井《い》」は、なぜか纒向型前方後円墳を拒否しているからである。

物部氏の正体を明かすための天孫降臨と邪馬台国

邪馬台国東遷論は、いまだに根強い支持を受けている。それはなぜかといえば、弥生時代を通じて、北部九州が日本列島の最先端地域であり続けたこと、『日本書紀』や『古事記』には、「神武は九州からやってきた」と記されているからだろう。

最新の考古学を駆使した大和岩雄氏の推論も、やはり、従来の考えを踏襲し、その上で吉備という新たな材料を加えている。すなわち、ヤマト（纒向）造営の核になったのは吉備だが、王として君臨したのは、邪馬台国の王だったと結論している。

だが、どうにも釈然としない。

たしかに、『日本書紀』や『古事記』は、天皇家の故地が九州だったとしている。だがそれは南部九州であり、邪馬台国の最有力候補地、北部九州とはかけはなれている。

一説に、天孫降臨の舞台に南部九州が求められたのは、皇室の歴史を、なるべく古く、できるだけ遠くするためだったという。だが、ヤマトからみれば、北部九州も十分遠いし、「話の整合性」を考えるならば、天孫降臨は饒速日命がそうであったように、直接ヤマトに降臨するか、あるいは北部九州の邪馬台国の所在地の近くでよかったのである。もし、福岡県山門郡付近が邪馬台国ならば、阿蘇山《あそさん》でも、十分「絵」になった。

しかも、南部九州は「熊襲《くまそ》（隼人《はやと》）の盤踞《ばんきょ》する野蛮な地」というのが『日本書紀』の描いた図式であった。ところが『日本書紀』は、天皇家の祖神が、じつは熊襲の祖と兄弟関係にあった（これが海幸山幸《うみさちやまさち》神話の火照命《ほでりのみこと》と彦火火出見尊《ひこほほでみのみこと》）と証言しているのである。

ばかばかしい話……、と一笑に付すこともできる。だが、矛盾に満ちた記述であるからこそ、

「なぜ神話の作者は、もっと理路整然と、小説（神話）を組み立てなかったのか」

という疑念に行き着く。そして、なにかしらの史実をもみ消そうとしたからこそ、話が矛盾しているのではないか、と筆者は解釈するのである。

一方で、もみ消そうとしても消しきれなかった事実もあったろう。天皇家が南部九州から来たという記事そのものは、本当のことだったのではなかろうか。たとえば、

『日本書紀』は隼人（熊襲）を野蛮人扱いし、ヤマトタケルの熊襲退治という説話を用意したが、ヤマト朝廷は隼人を都近くに住まわせ、朝廷の祭事に隼人を重用するという、不可解な行動をとっている。

隼人は南方の習俗を携えて畿内に入り、「竹」の文化を広めた功労者でもある。竹は古来、神聖な植物とみなされていたものだ。

なぜ天皇家と隼人が接点を持っているのかというと、それは遠い昔、天皇家の祖が南部九州と深くかかわり、初代ヤマトの王が実際に南部九州からやってきたからではないかと、思えてくるのである。そして、この、

「なぜ天皇家は、南部九州という僻地《へきち》からヤマトを目指したのか（あるいは連れてこられたのか）を、解き明かすことこそ、多くの謎を解き明かす」

のではないかと思えてくるのである。

物部氏の正体を明かすために、ここまで邪馬台国にこだわるのは、物部氏がヤマト建国の現場に居合わせていたと『日本書紀』が証言しているからである。

しかもヤマト建国後、宇摩志麻治命《うましまじのみこと》はヤマトを離れ、石見に逼塞したと、物部氏自身が謎の証言をし、かたや『日本書紀』は、物部氏がいったいどこから舞い降りたのか、さっぱりわからないと証言していたのだ。

そうなってくると、物部氏の正体を解き明かすためには、邪馬台国やヤマト建国の秘密を解きあかす必要が出てくるのである。

北部九州は一枚岩だったのか

筆者は北部九州の邪馬台国が東遷してヤマトができあがったという邪馬台国東遷論に疑問を呈している。それは、考古学的にも不審な点が存在するからだ。

すでに触れたように、まず北部九州の沿岸地帯の首長層は、ヤマトの纒向が出現すると、そそくさと「ヤマト」を選択し、「ヤマト」を受け入れて、纒向型前方後円墳を採用している。一方で、邪馬台国の最有力候補地の山門周辺が、ヘソを曲げていることを見逃すことはできない。

はたして北部九州は、一枚岩だったのだろうか。ヤマトを選択すべきかどうか、もめにもめたのではなかったか。

中国側の史料を読んでいけば、弥生時代の北部九州の中心が、博多《はかた》付近の海岸地帯にあったことは明らかだ。ところが「魏志倭人伝《ぎしわじんでん》」は、「邪馬台国は海岸地帯からさらに南方」といっている。これは、

「安定した社会で交易をするには海岸地帯に拠点を造るのが常識だが、いったん戦乱の時代になれば、危なっかしくて海の近くには住んでいられない」

と、北部九州の首長層が考えたからだろう。

そうなると、ヤマトに各地の首長が固まりだした瞬間、北部九州の沿岸地帯の首長たちは、

「こうなった以上、ヤマトには逆らえない」

と観念したということではなかったか。

このように推理してしまうのは、かなり早い段階で、「纏向」は南北の九州に、影響力を及ぼしていたからである。

たとえば、宮崎県西都《さいと》市の西都原《さいとばる》古墳群は、かつては五世紀以降の古墳群と考えられていた。

ところが、発掘が進むにつれ、すでに三世紀には、この地に前方後円墳が造営されていた可能性が高まってきたのである。

その中でも八十一号墳は、纏向遺跡で三世紀前半に造られていた石塚古墳とほぼ同じ設計図から造られている（これを相似形という）可能性が出てきたのだ。ちなみに石塚古墳は、纏向の発生期の前方後円墳と考えられている。

小迫辻原遺跡が物語るもの

日田盆地の高台にある

小《お》迫《ざこ》辻《つじ》原《ばる》遺跡（大分県日《ひ》田《た》市）

難攻不落で纏《まき》向《むく》遺跡にそっくり

纏向から来た勢力が作った遺跡

八十一号墳からは、庄内式から布留式《ふるしき》への過渡期の土器群や弥生時代の埋葬文化である「土器棺」が見つかっていて、三世紀半ばから後半の前方後円墳と考えられるようになったのである。

それだけではない。大分県日田《ひた》市に、注目すべき遺跡がある。それが小迫辻原《おざこつじばる》遺跡で、これまでほとんど注目されてこなかったことが、かえって謎めく。

小迫辻原遺跡の意味を知るためには、まず、日田の盆地の特異性について述べておかなくてはならない。

大分県というと、九州でも東側を想像しがちだが、日田市は筑後川の上流に位置し、文化圏、交易圏、商業圏は、むしろ西側に属している。だから今だに日田市の目は、大分市ではなく久留米市や福岡市に向けられているのである。

しかも、ただ福岡県側と交流が深いというだけではない。両者の間には、微妙な歴史が隠されている。というのも、その「地理」と「地形」に問題があったのだ。

筑紫《つくし》平野から川に沿って遡《さかのぼ》ると、左右の山地が次第に狭まり、平野の終点から長い渓谷を伝っていかなければならない。その先に日田の盆地が出現する。

この地形は、明らかに、筑紫平野側からみて、「日田は難攻不落の城」であり、「天然の要害」なのである。

この地理は近世の徳川幕府も十分承知していて、日田を天領《てんりょう》（徳川幕府の直轄地《ちょっかつち》）にして、北部九州に楔《くさび》を打ち込んでいる。

大分県日田市が投げかける波紋

日田がにらみをきかせるのは、筑後川の流域だけではない。筑後川を一気に下れば、たしかに久留米市や佐賀市の近郊に出られるが、もうひとつ見逃してはならないのは、「博多を背後から突ける」という利点である。しかも、北部九州勢力にとってたちの悪いことに、日田は東側には道が方々に伸びているため、「ヤマトや瀬戸内側からの攻撃に耐えられない」という弱点を持つ。

「纏向」の指導者は、早くから「日田の地の利」を承知したようで、ここに拠点を造っている。それが小迫辻原遺跡なのである。

興味深いのは、日田の小迫辻原遺跡が、「纏向にそっくり」なことである。

小迫辻原遺跡は、日田の盆地を支配するにはここしかない、という高台に築かれていた。市街地からみて北方で、標高一二〇メートル（市街地からの比高差は四〇メートル）。全面が断崖《だんがい》のような急峻《きゅうしゅん》な地形で、東西六五〇メートル、南北五〇〇メートルの敷地に、纒向の時代の「政治と宗教と戦争の居館跡」が見つかったのである。
遺跡の移り変わりを、小迫辻原遺跡発掘調査報告（『黎明《れいめい》の比多国《ひたこく》』）から抜粋してみよう。

［Ⅰ期］庄内式古段階並行期
防御性の強い一号環濠《かんごう》の時代。環濠の内側と外側に竪穴式《たてあなしき》住居がある。ヤマトに纒向遺跡が出現したあとの環濠ということになる。
［Ⅱ期］庄内式新段階並行期
一号環濠から二号環濠へと移行する。
［Ⅲ期］布留式《ふるしき》古段階（布留式は三世紀後半）
環濠遺構が二号から三号に移る。遺跡の規模が一気に拡大し、重層化した構造へと変化を遂げた。
［Ⅳ期］布留式古段階並行期
環濠は維持されたが、この段階を最後に、環濠遺跡は消滅する。

申し遅れたが、小迫辻原遺跡には、邪馬台国からヤマト建国の時代の外来系の土器が見つかっている。しかもそれが、山陰とヤマトからもたらされたものであったことがわかっている。ようするに、纏向の勢力が日田にやってきたと考えざるを得ないのである。

しかも小迫辻原遺跡は、庄内式土器から布留式土器への移行期に、突然規模を拡大しているが、これも「纏向のありかた」にそっくりなのだ。

日田は北部九州にとって急所であり、ここを取られたら、海岸地帯は白旗を掲げるほかはなく、だからこそ、沿岸地帯の首長層は、纏向型前方後円墳という埋葬文化を受け入れたと考えられる。

ただし、「日田のヤマト」に対抗しうる、唯一《ゆいいつ》の手段が残されている。それが、高《こう》良山《らさん》を死守することだった。

じつをいうと、筆者は「邪馬台国＝山門説」を支持しているのだが、そのひとつの理由は、「日田問題」が隠されていたからなのだ。日田を取られた北部九州勢力は、「徹底抗戦派」と「屈服派」に分かれ、徹底抗戦派は高良山を城塞《じょうさい》化し、都を山門に据えたのではないかと勘ぐっているのである。

少なくとも、纏向型前方後円墳を、筑後川北岸が採用し、南岸が拒否したところに、邪馬台国やヤマト建国をめぐる最後のヒントが隠されていたのではないか……。

北部九州沿岸地帯にとってのネック

大和岩雄氏は、北部九州が纏向型前方後円墳を採用したことについて、それはヤマトの武力による征圧ではないという。なぜかといえば、北部九州も纏向に参画していくからだ。その状況は、敗者の行動ではないとするのである。

これに対し筆者は異なる考えを持つ。

やはり、北部九州の沿岸地帯にとって、ネックは「日田問題」である。日田を取られた以上、背後の憂《うれ》いを抱えたまま、おちおち寝てもいられない。そこにヤマト側から、「纏向体制への参加」を促されれば（やや威圧的にかもしれないが）、彼らはやむなく、プライドを捨てたのではあるまいか。なにしろ北部九州沿岸地帯の人びとは、優秀な船乗りであるとともに、冷徹な商人なのである。「利」のない戦は控えただろう。

このような推理を働かせるもうひとつの理由は、「仲哀《ちゆうあい》天皇紀にそう書いてある」からなのだが、このあたりの事情は、最終章でふたたび触れるとして、北部九州沿岸地帯が纏向を受け入れたことはたしかにしても、北部九州の内陸部は、まったく違う道を歩んでいた可能性が出てきた。そうなると、彼らの命運が気になるところだ。いったい「山門」の人びとは、その後「ヤマト」を拒み続けることはできたのだろうか。そして、邪馬台国北部九州論者のいう「邪馬台国の東遷」という推理は、「北部九州の北と南」「二つに分裂した北部九州」という問題を、スムーズに説明できるのだろうか。

もともと北部九州の北側にいた物部が先にヤマトに入り、そのあとを追って、物部とは別の一派である台与がヤマトにやってきたという考えも、無視できぬものがある。しかしそれなら、なぜ「纒向」は、最後まで抵抗を続けた「邪馬台国（山門）」を王に立てる必要があったのだろう。それに、なぜ「台与の東遷」を、「神武の東遷」にすり替える必要があったのだろうか。しかもそれは南部九州からの東遷である。

それだけではない。もし邪馬台国が東遷してヤマトが建国されたのならば、その直後、なぜ出雲は急激に衰退していくのか、その理由を、東遷説は明快に語ることができるのだろうか。なぜここで、物部がしゃしゃり出て、越《こし》（北陸から新潟）と石見《いわみ》（島根県西部）に楔を打ち込むという荒療治をやってのけたというのだろう。

じつにややこしくなってきた。そこでそろそろ、話をもどさねばなるまい。いったい物部氏とは何者なのだろう。どこからやってきたのか、そして彼らは私見通り、本当に「吉備」とかかわりを持っていたのだろうか。難題ながら、これまで取りあげてきた材料の中に、多くのヒントが隠されていたはずである。次章からいよいよ、物部氏の正体に迫っていこう。

第四章　「物部は吉備である」を探る

なぜ『日本書紀』は物部を天神《あまつかみ》といったのか

物部氏の謎《なぞ》は、ヤマト建国の最大の功労者と称《たた》えられながら、一方で、いったいどこからやってきたのか、まったく素性が明らかではないことである。

もっとも、『日本書紀』は物部を神武《じんむ》天皇と同じ、「天神」のグループに入れているのだから、物部は高天原《たかまのはら》から舞い降りてきたということになる。

ところで、「天神」がヤマトにやってきたという話は、朝鮮半島の人びとが、北部九州に渡り、さらにヤマトへ移動してきたことにほかならないとするのが、これまでの一般的な考え方だった。そしてヤマトは、渡来系の圧倒的なパワーによって支配されたというのが、常識のようなところがあった。

だが、纏向《まきむく》の考古学は、このような考えを否定してしまった。ヤマト建国の中心となったのは、吉備や出雲《いずも》であって、強大な力による征服劇ではなかったこと、必ずしも北部九州が圧倒的な発言権を持っていたわけではない、ということである。さらに北部九州の考古学は、ヤマト建国の前後の北部九州は、「東」の勢力に圧倒されていた可能性すら示し始めている。

邪馬台国北部九州論者は、「当時の力関係、財力からいえば、北部九州が東に攻められる道理がない」と主張するだろう。

だが、東（ヤマトを除く）勢力は、弥生時代後期に、徐々に力をつけていたし、彼らが、「ヤマトに拠点を造ってしまった」ことが大きな意味をもっていた。つまり、難攻不落の天然の要害を、「九州から見て東の勢力」が利用し始め、しかも、「東側からの攻撃に弱い」という悪条件が、決定的なダメージを北部九州に与えたと考えられる。

こう考えてくると、「物部は天皇家の先遣隊としてヤマトに舞い降りていた」とか、「鉄保有量で他の地域を圧倒していた北部九州が、大手を振ってヤマトに乗り込んだ」という発想は、もはや通用しなくなってしまったことに、気づかされるのである。

こうなってくると、『日本書紀』が物部氏の素性を、「それは天神」とだけ述べて、真相を闇《やみ》に葬《ほうむ》ってしまったことは、重大な意味をもってくる。

そして、物部氏とはいったい何者なのかをふたたび問い直せば、ここで、怪しい地域が浮上してくるのである。

もちろんそれが「吉備」で、なぜ怪しいかといえば、この地は弥生時代後期に勃興《ぼっこう》し、前方後円墳《ぜんぽうこうえんふん》の原型を発案し、しかもその新たな埋葬文化を東方のヤマトに持ち込み、それに合わせるかのように、周辺の首長層が一気にヤマトに集まってきたと考えられるからだ。

そして、その「ヤマト建国の核となった吉備」であったのに、「吉備出身の豪族」つまり、「吉備出身で、少なくとも五世紀まではヤマト朝廷の主導権を握っていたであろう人物群」が、いったい誰だったのか、『日本書紀』は黙して語らないのである。「出雲出身」の人物には、三輪氏らがいたと記録している『日本書紀』の中では、この沈黙は、不自然である。

そこでしばらく、物部と吉備の関係を探ってみたい。

吉備といえば桃太郎

吉備といえば、桃太郎が有名だ。

他の拙著の中で、浦島太郎の伝説を重視してきた筆者にしてみれば、当然桃太郎にも興味を示さざるを得ないが、浦島太郎と桃太郎では決定的な差がある。

それは、『日本書紀』や『古事記』、『万葉集』、『風土記《ふどき》』と、古代文書のことごとくが、浦島太郎について黙っていられなかったのに対し、「桃太郎」は、古文書のどこにも出てこないということだ。

なにしろ、今確認できるもっとも古い「桃太郎」は、江戸時代の説話であって、それ以上遡《さかのぼ》ることはできない。

だから、お伽話《とぎばなし》の桃太郎の中に、古代史の秘密が隠されているとは思えない。ただ、だからといってまったく無視する必要もないだろう。というのも、吉備に残る伝承や『日本書紀』の記事などをもとに、このお話が作られた可能性は残されているからだ。

また、柳田国男《やなぎたくにお》が桃太郎を取りあげたことで、民俗学者の間で、桃太郎はしばしば話題に上るようになった。

「水（川）から生まれた小《ちい》さ子《こ》」

というモチーフは、世界中で語り継がれた物語でもあった。だから柳田は、

実際はやはり亦《また》世界開闢《かいびやく》以来の忘るべからざる事件として、考察せらるべきものであった（「桃太郎の誕生」『柳田國男全集　六』筑摩書房）

と、やや大仰に述べているのである。

文化人類学の石田英一郎《いしだえいいちろう》氏は、『桃太郎の母』（講談社）の中で、桃太郎伝説の中に、

縄文時代以来継承されてきた地母神《ちぼしん》信仰の残像を見出《みいだ》している。

また、石田英一郎氏の記述で無視できないのは、桃太郎伝説のモデルとなったのではないかというひとつの伝承だ。それによれば、昔ヤマトの地で洪水があり、初瀬川《はつせがわ》（桜井市の三輪山《みわやま》の南を東西に流れる）があふれたとき、大神《おおみわ》神社の前に、大きな甕《かめ》が流れ着いたのだという。開けてみると中に玉のような男子が入っていて、この子はのちに小舟に乗って、播磨《はりま》（兵庫県）に行ったというのである。

桃が甕に、吉備が播磨に入れ替わっているが、「ニアミス」であり、どこかひっかかるものがある。だいたい、原田常治《はらだつねじ》氏が「饒速日命《にぎはやひのみこと》と同一人物」と断定した大物主《おおものぬしの》神《かみ》が祀《まつ》られる三輪山と播磨（くどいようだが吉備の隣で、方向としてはよく似ている）にかかわっていたというのである。

実際、桃太郎のモデルではないかと疑われる吉備津彦《きびつひこ》は、「三輪の王家」から吉備に派遣されている。その点、三輪と桃太郎は、けっして無関係ではなさそうなのだ。

桃太郎のモデルになった吉備津彦

桃太郎のモデルではないかと疑われている吉備津彦とは誰かというと、すでに触れたように、第十代崇神《すじん》天皇が各地に遣わした四道将軍《しどうしようぐん》の一人である。

ここで、吉備津彦の系譜を再確認しておこう。

『日本書紀』によると、吉備津彦は第七代孝霊《こうれい》天皇の子・彦五十狭芹彦命《ひこいさせりびこのみこと》のことで、弟に稚武彦命《わかたけひこのみこと》がいる。ただ、姉の方が一般的には有名だ。大物主神の妃となり箸墓《はしはか》に葬られた倭迹迹日百襲姫命《やまとととひももそひめのみこと》である。

吉備津彦は崇神天皇に命じられ、山陽道《さんようどう》に赴き、賊を平らげてきたのだった。ただし、吉備とのつながりという点に関しては、弟の稚武彦命の方が強かったのか、この人物が、吉備臣の祖にあたるというのだ。

同様の記事は、『古事記』にも残されている。孝霊天皇の皇子に大吉備津日子命《おおきびつひこのみこと》が、また腹違いの弟に若日子建吉備津日子命《わかひこたけきびつひこのみこと》がいて、ふたりは針間《はりま》（播磨）の氷河《ひかわ》の前《さき》（不明）に進出し、吉備を「言向け和《ことむけやわ》した（平定した）」というのだ。そしてやはり、弟の若日子建吉備津日子命が、吉備の下道臣《しもつみちのおみ》と笠臣《かさのおみ》の祖だったとする。

岡山県岡山市吉備津には、吉備津神社があって、祭神は当然のことながら、吉備津彦で、しかも吉備津彦の鬼退治（鬼神《きしん》）の伝承が残されている。要約すると、以下の通りである。

第十一代垂仁《すいにん》天皇の時代のことだ。吉備国に異国の鬼神が飛んでやってきた。この

■■鬼退治の伝承が残る吉備津■■

吉備津神社
(岡山県岡山市)

吉備津神社に祀られた吉備津彦は
異国から来た鬼「温羅《うら》」を退治した

吉備津神社御釜殿
(岡山県岡山市)

退治した鬼の首を
御釜殿の下に埋めたといわれる

鬼神は百済《くだら》の王子と名乗り、名を温羅《うら》といい、吉備冠者《きびのかじゃ》とも呼ばれた。両目は爛々《らんらん》と輝き、毛髪は真っ赤で、身長は一丈四尺（約四メートル）、ありあまる怪力を持ち、性格は兇悪《きょうあく》だったという。

温羅は備中国《びっちゅうのくに》の新山に居城を建て、そばの岩屋山《いわややま》に楯《たて》を立てた（城を造った）。海賊行為を繰り返し、婦女子を拉致《らち》したので、人びとは恐れ、温羅の住処《すみか》を「鬼ノ城《きのじょう》」と呼び、都に訴え出たのだった。そこで五十《い》狭芹彦命《させりびこのみこと》が遣わされた。

五十狭芹彦命は中山（吉備津神社の裏手。御神体）に陣取ると、西方の山に石の楯を立てた。これが楯築山《たてつきやま》で、ようするに楯築墳丘墓である。

結局温羅は敗れたので、「吉備冠者」の名を、五十狭芹彦命に献上した。大吉備津彦の名は、ここに起こる。

この伝承で興味深い点は、いくつかある。

まず第一に、今も吉備津神社に残る特殊神事のことだ。それは御《お》釜殿《かまでん》で行われる「鳴釜《なるかま》の神事」で、釜で湯を沸かし、せいろの中に玄米を入れ、祝詞《のりと》をあげて玄米を揺すると、鬼が唸《うな》るように鳴き、それで吉凶禍福《きっきょうかふく》を占うのだという。この神事は、すでに奈良時代から、執り行われていたようである。

この神事の起源は、温羅の首である。

五十狭芹彦命は温羅の首をはねて晒《さら》し者《もの》にしたという。ところがその生首《なまくび》は、何年たっても大声を出して唸った。五十狭芹彦命は部下の犬飼武《いぬかいたける》に命じ、犬に生首を食べさせてしまった。髑髏《しゃれこうべ》になった温羅なのに、それでも吠え続けた。

そこで五十狭芹彦命は、首を吉備津宮の釜殿《かまでん》の竈《かまど》の下に埋めたが、十三年間唸り続け、あたりに響き渡ったという。

ある晩、五十狭芹彦命の夢枕《ゆめまくら》に温羅が現れ、次のように告げた。

「わが妻、阿曾郷《あそごう》の祝《ほうり》の娘・阿曾媛《あぞめ》に命じて釜殿の御饌《みけ》を炊《た》かせよ。もし世の中に何か起きると、釜が鳴る。良いことがあるときは豊かに鳴り、災いあるときは荒々しく鳴るだろう」

そこで五十狭芹彦命は、温羅の霊を祀《まつ》り始めたというのである。

鳴釜の神事は今でも阿曾（という土地）出身の「阿曾媛」なる巫女《みこ》が奉仕し、阿曾で造られた鉄の釜が用いられるという。阿曾とは、ちょうど鬼ノ城《きじょう》の麓《ふもと》のあたりだ。

ちなみに鬼ノ城は、七世紀に築かれた山城で、おそらく白村江《はくそんこう》の戦いに敗れた中大兄皇子《なかのおおえのみこ》が、唐《とう》と新羅《しらぎ》の連合軍が攻め寄せてくる恐怖に駆られ、あわてて築いたということらしい。

吉備は出雲を恐れていた？

平安時代の『梁塵秘抄《りようじんひしよう》』の中に、「吉備津宮（現在の吉備津神社）の鬼門を守る恐ろしい鬼神」の話が出てくる。桃太郎の原初の伝承といえるかもしれない。この吉備津宮の「鬼」にまつわる話は、戦国時代末期に吉備周辺の古社寺の縁起の中に出現し（それ以前からあった伝承をまとめたということか）、今日まで語り継がれてきた桃太郎伝承は、江戸時代に完成したものらしい。

したがって、桃太郎伝説をまったく無視する必要はないが、かといって、あまり期待しすぎるのも問題だ。

たとえば前田晴人《まえだはると》氏は、『桃太郎と邪馬台国』（講談社現代新書）の中で、次のように述べている。まず前田氏は、桃太郎伝承を、吉備津神社に伝わる吉備津彦の温羅征討伝承から得られたものとして、しかも吉備津神社は「王権の支配に根強く反抗し抵抗した歴史をもつ吉備勢力の怨念を現地で鎮め祭るために創祀した神社」と指摘し、桃太郎は吉備津彦の系譜的後裔《こうえい》とする。

そしてもうひとつ、前田氏は、興味深い発言をしている。それは、ヤマトが吉備を盛んに攻めたのは、じつは邪馬台国の時代のことで、畿内《きない》のヤマトは「魏志倭人伝《ぎしわじんでん》」にいうところの邪馬台国で、吉備は狗奴国《くなこく》にほかならない、というのである。

卑弥呼《ひみこ》は晩年、邪馬台国の南方から攻め寄せる狗奴国に手を焼き、魏に訴え出ていたのだった。そして卑弥呼は、狗奴国との交戦中に亡《な》くなるのだが、桃太郎こそ、「邪馬台国と狗奴国との対立と戦いを反映した伝承」とするのである。

前田氏の指摘には、よく理解できない点がふたつある。

まず第一に、「魏志倭人伝」には、狗奴国は「邪馬台国の南にあった」と書かれていた。邪馬台国畿内論者は、「魏志倭人伝」にある「邪馬台国は北部九州沿岸地帯からみて南」とある「南」は「東」と読み替えるべきといい、そのため、邪馬台国の南の狗奴国に関しても、「それはヤマトからみて東の東海や北関東」といっている。ところが前田説をとると、吉備はヤマトからみて「西」なのだから、話に整合性が見いだせない。

もっとも、このあたりの事情に関しては、前田氏が前掲書の中で（一〇二～一〇六頁《ページ》）説明しているので、興味のある方は御覧いただきたい。ただし、何回読み返しても、前田氏の考えにしたがうことはできない。

そして第二に、邪馬台国（ヤマト）と吉備が、三世紀半ばに戦っていたとする前田氏の考えは、考古学的にまったく根拠がない（というよりも、ありえない）。邪馬台国と狗奴国の対立関係は、たしかに「魏志倭人伝」に記録されていた。だが、卑弥呼が亡くなった三世紀の半ばといえば、纏向遺跡がすでにヤマトに完成していたのであり、吉備は特殊器台を携えて、ヤマトに乗り込んでいたのである。しかも、吉備はヤマト建国の中心に立っていたのであり、なぜこのとき、ヤマトと吉備が争っていて、それが桃太郎伝承に結びついていったというのか、どうにも納得しかねる。

それよりも、桃太郎伝承や吉備津神社の伝承の中で、もっとも重大な意味をもっているのは、吉備津神社が北を向いている、ということではなかろうか。

というのも、吉備津神社は、出雲を意識して建てられていると思われるからである。

なぜ吉備が、出雲を向いているのだろう。

それは、吉備が「出雲を恐れていたから」ではないのか。「恐ろしい出雲を、封じ込めようとしていた」からではあるまいか。

吉備は出雲に進出していた

吉備の歴史は、複雑怪奇なのである。

けれども、話を整理すれば、解けない謎《なぞ》はない。

ここで思い出していただきたいのは、崇神六十年の秋七月に出雲で起きていた事件である。

崇神天皇は出雲の神宝をみてみたいといい、物部同族の矢田部《やたべ》氏の祖の武諸隅《たけもろすみ》を出雲に遣わし、神宝を奪った。このとき出雲では、飯入根《いいいりね》が留守番をしていたのだが、筑紫《つくし》から帰ってきた飯入根の兄の出雲振根《いずものふるね》は、弟が神宝を渡してしまったことに腹を立て、弟をだまし討ちにしてしまった。これを知った朝廷は、兵を繰り出し、出雲を攻め滅ぼしたのだった。

このときヤマトから遣わされた将軍の一人が、誰あろう吉備津彦だったのである。

それだけではない。

崇神十年、四道将軍が各地に派遣されていたが、吉備津彦は西道《にしのみち》（山陽道）に、そして丹波道主命《たにわのちぬしのみこと》が丹波《たんば》に遣わされた。『古事記』によれば、東海と北陸に遣わされた別の二人の将軍は、太平洋側と日本海側から内陸部に入り、落ち合い、だからここを「相津《あいづ》（福島県会津若松市付近）」と名づけたということは先述した。そうであるならば、中国地方を山陽、山陰の海岸地帯に進んだ二人の将軍は、どこかで合流していただろうし、その平定の矛先は、出雲に向けられていた可能性も高まるのであり、だから吉備津神社の本殿が、北向きになっていること、そして桃太郎伝承の鬼神＝温羅とは、もとをただせば「出雲神」が原型だったのではないかと思いいたるのである。

つまり、ヤマト建国直後の「出雲いじめ」をしていたのは、「物部」だけでなく、「吉備」も積極的に参加したことを、ここで強調しておきたいのである。

門脇禎二《かどわきていじ》氏は、『出雲の古代史』（ＮＨＫブックス）の中で、四世紀の出雲に、「吉備」が進出していたと指摘している。

門脇氏が注目したのは、出雲振根が飯入根を殺した斐伊川《ひいかわ》の事件現場（出雲の西部）から少し上流の地域に、四世紀の中頃から末にかけて、巨大な前方後方墳《ぜんぽうこうほうふん》と方墳《ほうふん》が築造されていたことだ。それが、松本一号墳と神原《かんばら》神社古墳である。

二つの古墳は、かつての出雲の特徴的な四隅突出型墳丘墓《よすみとつしゅつがたふんきゅうぼ》とは隔絶していた。つまり、「畿内的」で「ヤマト的」な埋葬文化の様式だった。そこで門脇氏は、「ヤマトの埋葬文化」を出雲にもちこんだのは、出雲振根を吉備津彦が征討したように、吉備の人間であり、この古墳の被葬者は、「吉備から進駐してきていた指揮官であろう」とするのである。

門脇氏がそう考えたもうひとつの理由は、まず松本一号墳（島根県雲南市三刀屋《みとや》町）の立地が、ちょうど吉備から出雲に抜けた交通の要衝にあること、しかも、平野部から山道にさしかかる要点を見下ろす場所に築かれ、年代的に連続したり付随する古墳群が付近に見あたらないからだとする。

四世紀の吉備が出雲西部に進出していたという話は、ヤマト建国後、宇摩志麻治《うましまじの》命《みこと》が石見《いわみ》に向かい、出雲を封印するかのような行動をとったという話と符合する。石見に陣取れば、「西からの交易、救援」を遮断し、背後（吉備）から出雲を圧迫することで、出雲の西部はたやすく攻略できたに違いない。

また、のちに触れるように、五世紀の雄略天皇の時代、『日本書紀』には、吉備がヤマト朝廷に、三回反逆したとある。この記述をすべて信じるわけにはいかないとされているが、それでも、実際に吉備の古墳は、五世紀を境に、急激に小さくなっている。興味深いのは、吉備の衰弱が出雲にも少なからず影響をもたらしていることで、出雲の東部の意宇《おう》氏が同時期、かつての吉備の支配下にあった出雲西部に、触手を伸ばし始めたと門脇氏は指摘している。

吉備の石上《いそのかみ》の謎

では、吉備と物部のつながりを、どうやって証明すればよいのだろう。

これまで述べてきたことをまとめて、さらに、新たな証拠をみつけてみたい。

さて、『日本書紀』によれば、ヤマト建国は神武東征に求められる。もちろん、戦後の史学界は、「これは天皇家の歴史を飾る神話」といって、無視してきた。だが一方で、邪馬台国北部九州論者は、「邪馬台国が東に遷《うつ》ってヤマトは完成した」と主張し、「九州から王権が東に遷ったという神武天皇のモチーフは、なんらかの史実に求められるはず」と主張する。

神武東征は『日本書紀』の記述通り、南部九州からやってきた事件だが、筆者は、神武がヤマトを攻めたのではなく、実態は「神武が連れてこられた」と想定している。（なぜそう考えるのか、理由はのちにふたたび触れる）。それよりもここで大切なことは、「神武東征以前にヤマトにそろっていた顔ぶれ」である。

まず、ヤマトには、出雲神話の大物主神が、三輪山のふもとに宮を造ってもらい、住みついていた（正確に『日本書紀』の話を再現すれば、祀られていた）。その次にやってきたのは、いずこからともなく天磐船《あまのいわふね》に乗って舞い降りた饒速日命《にぎはやひのみこと》であった。饒速日命はヤマト土着の首長・長髄彦《ながすねひこ》の妹を娶《めと》り、ヤマトに君臨していたのだった。そして、最後にヤマトにやってきたのが神武天皇である。

さて、考古学が進展し、ヤマト建国の様子は、かなり克明に再現できるようになってきた。そして、ヤマトには出雲、吉備、東海、北陸、その他の地域の人々が集まり完成していたことがはっきりとしてきた。しかも、ヤマト建国の中心に立っていたのは、どうやら吉備らしいこともわかってきた。それに、北部九州の影響は、やや遅れ気味に入ってきたようだ。

そうなると、「一着　出雲」「二着　饒速日命」「三着　九州の神武」という『日本書紀』の示した「徒競走の順番」は、でたらめではなかった可能性が出てくる。そして、二着の饒速日命が、いったいどこからやってきたのかはっきりとしないこと、もっとも大切な「吉備」が抜け落ちていることが、大問題となってきた。

それならば、饒速日命＝物部氏の始祖は、吉備からやってきたのではないかと、ここまで疑ってきたのである。問題はその確証である。

興味深い神社が吉備にある。岡山県赤磐市《あかいわ》（旧国名では備前《びぜん》にあたり、さらに遡《さかのぼ》れば、吉備ということになる）石上《いしかみ》には、石上布都魂《いそのかみふつのみたま》神社（式内社《しきないしゃ》）があって、祭神は素戔嗚尊《すさのおのみこと》（以下スサノオ）だが、かつては「布都御魂神《ふつのみたまのかみ》」、あるいは「十握剣《とつかのつるぎ》」であったという。

祭神が定まらないのは、スサノオも布都御魂神も、十握剣も、出雲とかかわりのある神や神宝だからだろう。

『日本書紀』によれば、高天原から舞い降りたスサノオは、八岐大蛇《やまたのおろち》に食べられそうになっていた奇稲田姫《くしいなだひめ》を助けたとある。そのとき、八岐大蛇に酒を飲ませて酩酊《めいてい》させたところで斬《き》りつけた剣について『日本書紀』は、「十握剣」といい、また、別伝には、その剣が吉備の神部《かむとものお》のもとにあるといい、これを奈良県天理市布留町の物部氏の石上《いそのかみ》神宮とする説もあるが、むしろ吉備の石上布都魂神社がふさわしい。

ちなみに、天皇家の三種の神器として名高く、尾張《おわり》（愛知県）の熱田《あつた》神宮に祀られる草薙剣《くさなぎのつるぎ》は、スサノオの八岐大蛇征伐の際に、十握剣で斬りつけた尾っぽから出てきた剣である。

スサノオは出雲建国の殊勲者である。その出雲建国の記念碑的な霊剣が「十握剣」である。その大切な出雲の神宝が、ご当地出雲にないのは奪われたからだろう。出雲の神宝を奪った者といえば、物部であり、また、吉備津彦であろう。彼らは出雲の神宝を、まず吉備に持ち帰り、その後ヤマトの石上神宮に遷し祀ったと考えれば、整合性が出てくる。

この、吉備の石上布都魂神社には、「天理の石上神宮は、吉備の石上布都魂神社の祭神を勧請《かんじょう》したもの」とする言い伝えがあって、吉備の「石上」が、「本社」なのだと地元では信じられている。天理市の石上神宮には、なぞめく摂社・出雲建雄《いずもたけお》神社が

吉備と物部氏がつながる場所とは？

石上《いそのかみ》布《ふ》都《つの》魂《みたま》神社（岡山県赤磐《あかいわ》市）

祭神を勧請した

石上神宮（奈良県天理市）

（祭神）スサノオ

吉備

つながる

物部氏

なぞめく摂社・出雲《いずも》建雄《たけお》神社が鎮座する

祀られ（拝殿は国宝）、吉備と物部が、ここでも出雲とつながりをもってくる。もちろんそれは、「出雲の神宝」を吉備や物部が奪い去ったという話と無縁ではないだろう。

ここで、ヤマト建国の黎明期《れいめいき》に、出雲から神宝を奪った「吉備」と「物部」の接点がみられる。

物部氏と中臣《なかとみ》氏の関係と吉備のつながり

弥生《やよい》時代の終わりにさしかかり、吉備に起こった新たな祭祀《さいし》形態は、亡くなった首長の御魂《みたま》を次の首長が継承するということだった。そして、墳丘上で執り行われる儀式に用いられたのが、特殊器台と特殊壺《つぼ》である。これらの土器は、首長霊祭祀にのみ用いられ、あとは破壊され、墳丘上に埋納されるのである。その、いうなれば「葬儀のためだけの土器」が、ヤマトの纏向にももたらされ、前方後円墳というヤマト朝廷の象徴的オブジェは完成していくのである。

三世紀後半に完成したヤマト朝廷の新たな埋葬文化（宗教観）は、途中いくつかの変化を伴いつつも、六世紀まで継続していく。特殊器台はなくなるが、円筒形埴輪《えんとうがたはにわ》に置きかわり、基本的な埋葬文化は、守られたのである。

そうなると、吉備のもたらした様式は、ヤマトの宗教観の基礎となったわけで、物部氏の祭祀形態が天皇家に受け継がれてきたという吉野裕子《よしのひろこ》氏の指摘は、まさに「物部＝吉備」と考えると、理由がはっきりする。

神道《しんとう》祭祀に携わる氏族として世に名高いのは、中臣氏や斎部《いんべ》（忌部《いんべ》）氏だが、物部氏系の文書『先代旧事本紀《せんだいくじほんぎ》』によれば、中臣連《むらじ》の祖の天児屋命《あまのこやねのみこと》、忌部氏の祖の天太《あまのふと》玉命《たまのみこと》らが、尾張氏の祖の天香語山命《あまのかごやまのみこと》や猨女君《さるめのきみ》の祖の天鈿売命《あまのうずめのみこと》等とともに、饒速日命に随行してヤマトに舞い降りていたと伝えている。

もちろん、この話は「神話」であるとともに、『日本書紀』には、まったく違うことが書かれているから、すぐに信用するわけにはいかない。『日本書紀』によれば、天児屋命は、天津彦彦火瓊瓊杵尊《あまつひこひこほのににぎのみこと》に寄り添うように、地上界に降臨したと証言している。もし『日本書紀』を「正史だから」と信用するならば、中臣氏が物部の従者のようにヤマトに降臨したという話は『先代旧事本紀』のでっち上げ、ということになるのだろう。

しかし、少なくとも中臣氏に関していえば、物部氏との絆《きずな》は深く、強い。

ちなみに、中臣氏と斎部氏が神道祭祀に深くかかわっていたことは、平安初期に斎《いん》部広成《べのひろなり》の記した『古語拾遺《こごしゅうい》』からも、はっきりとわかる。

たとえば、次のような記事がいくつも載る。

「天《あま》の岩屋戸《いわやど》の故事以来、中臣と斎部の二氏は、ともに日の神を祀《まつ》ってきた。猨女《さるめ》の祖（天鈿女命《あまのうずめのみこと》）もまた、神の怒りを解いた」

とあり、

「神代《かみよ》からこの方、中臣と斎部が神事に仕え奉《たてまつ》る」

などとある。

ついでまでにいっておくと、『古語拾遺』は、

「中間《なかごろ》より以来《このかた》、権《いきほひ》一氏《ひとうぢ》に移る」

と、中臣氏の専横に、不満を述べている。中臣氏と斎部氏が、本来なら同等の地位にあり、同じように神を祀る役割を背負わされていたにもかかわらず、八世紀以降、斎部氏が不当な扱いを受けていると、斎部広成は訴えているわけである。

これは、七世紀から八世紀にかけて、中臣鎌足《なかとみのかまたり》→藤原不比等《ふじわらのふひと》と続く親子が急速に力をつけ、政権を牛耳《ぎゅうじ》るまでに成長し、神道祭祀を私物化したからにほかならない。ただし、中臣鎌足が物部氏とつながっていた「中臣」から出たかというと、じつに怪しい。『藤原氏の正体』（新潮文庫）の中で述べたように、中臣鎌足は百済王子豊璋《ほうしょう》であ

り、物部氏とともに落ちぶれていた本物の中臣氏の系譜に、そっとすべり込んだということでしかないだろう。

また、中臣氏と神道祭祀のつながりに関しては、『日本書紀』神代上第七段一書第二の天石窟《あまのいわや》の話の中で、

中臣《なかとみ》の遠祖天児屋命《とほつおやあまのこやねのみこと》、則《すなは》ち以《も》て神祝《かむほさ》き祝《ほさ》きき

とあり、また『古事記』には、次のようにある。

天児屋命《あめのこやねの》、布刀玉命《ふとだまの》を召《め》して、天《あめ》の香山《かぐやま》の真男鹿《まをしか》の肩《かた》を内抜《うつぬ》きに抜きて、天の香山の天の波波迦《ははか》を取りて、占合《うらな》ひ麻迦那波《まかなは》しめて

ここに登場する「真男鹿《まをしか》の肩《かた》」とは、牡鹿《おじか》の肩の骨のことだ。「天《あめ》の波波迦《ははか》」とは、木の皮で、これを燃料にして骨を炙《あぶ》り、ひびの入り具合で吉凶《きっきょう》を占うことをいっている。つまり、「卜占《ぼくせん》」を意味している。

これらの記事から、中臣氏は祝詞《のりと》と卜占に携わる氏族であったことがわかる。

それよりも問題なのは、これまで「神道（ヤマトの宗教観を仮にこう呼ぶことができれば、だが）」といえば、「天皇家のための祭祀」であり、「天皇家が作りだした宗教観」という常識があったが、ヤマト建国時からの考古学の指摘を重視すれば、「神道の原型を造りだしたのは吉備」であり、また「天皇家は物部の祭祀形態を継承している」のだから、『先代旧事本紀』にいうところの、「物部とともにヤマトに舞い降りた中臣と斎部」が、神道祭祀の重職を担《にな》い、しかも「中臣が物部とともに、神道を守り抜こうと命を張った」のは、「神道」を「物部」が作りだしたからであり、それは何を意味しているかというと、「物部が吉備」だったということではあるまいか。

河内《かわち》に陣取った物部と中臣

中臣と物部の距離の近さは、両者の分布圏からもはっきりとしている。

大阪府東大阪市の河内国一の宮の枚岡《ひらおか》神社（東大阪市出雲井《いずもい》町）は、中臣氏の祖神・天児屋命を祀る神社として名高く、また奈良市の春日大社《かすがたいしゃ》は、枚岡神社から天児屋命を勧請していることでも知られている。中臣氏のもともとの地盤は、このあたりなのだろう。『新撰姓氏録《しんせんしょうじろく》』をみても、中臣氏の勢力圏は河内にあったことがわかる。

一方、物部氏といえば、『日本書紀』の記述から、饒速日命が直接ヤマトに舞い降りたかのようなイメージがある。だが、物部系の『先代旧事本紀』には、「饒速日命は河内国河上《かわかみ》の哮峯《たけるがみね》（大阪府と奈良県の県境付近）に舞い降りた」と記されている。河内にいったんやってきて、そのあとヤマトの鳥見《とみ》（桜井市桜井に等弥《とみ》神社がある）に移ったというのである。

では、最初の降臨地、哮峯とはいったいどこなのだろう。伝承地は、三つある。南河内に二つ、北河内にひとつで、比較的よく知られている神社は、奈良県境に近い交《かた》野《の》市私市《きさいち》の磐船《いわふね》神社である。

境内にはいると、真っ先に目に飛び込んでくるのは、御神体「天磐船」で、巨大な（五〇ミリレンズでは入りきらない）磐座《いわくら》が目の前に迫り、圧迫感さえ覚えるほどの力強さを秘めている。

磐船神社は、河内方面から淀川《よどがわ》を遡上《そじょう》し、さらに天野川《あまのがわ》に分け入り、生駒山の切れ目からヤマト入りするのに、ちょうど都合のいい交通の要衝となっている。現実の饒速日命のヤマト入りルートとしては申し分ない。

お節介なことかもしれないが、磐船神社は観光地としても穴場中の穴場で、参拝されたら、かならず白衣を借りて、岩窟《がんくつ》拝観をされることをお勧めする。多くの神社を

■■河内に舞い降りた物部氏■■

磐船神社
（大阪府交野市）

物部氏の祖とされる
饒《にぎ》速《はや》日《ひの》命《みこと》
が舞い降りた

ヤマトに入るには
交通の絶好の要衝

御神体「天磐船《あまのいわふね》」＝磐座は50ミリレンズに入らないくらい巨大で強烈

見て回ったが、巨岩のスケールといい、意外性といい、数ある神社の中でも「面白さ」という点では傑出している。

もうひとつ余談を許されるならば、大和岩雄《おおわいわお》氏の指摘する、物部系神社と太陽信仰のかかわりについて触れておきたい。

まず、生駒山最高峰から真西に難波宮《なにわのみや》があり、磐船神社は難波宮大極殿《だいごくでん》跡からみて、ちょうど夏至《げし》の日の出の位置にあたる。さらに、ヤマトの石上神宮からみると、生駒山の山頂に、夏至の夕日が落ちるのだという（『日本の神々3』白水社）。物部氏の祖・饒速日命が、神社の伝承で天照国照彦天火明櫛玉饒速日尊《あまてるくにてるひこあまのほのあかりくしたまにぎはやひのみこと》と呼ばれ、太陽神の性格をもたされていたことは、伊達《だて》や酔狂《すいきょう》ではない。

それはともかく、河内に物部と中臣が仲良く陣取っていることが両者の緊密な関係を暗示している。そして、なぜ彼らが河内を重視したのか、その理由が大きな意味を持ってくる。

河内王朝の出現は王朝交替か

さて、中臣氏の祖神を祀る枚岡神社のすぐ近くに、石切剣箭命《いしきりつるぎやのみこと》神社（東大阪市東石切町）があって、ここの祭神は天照国照彦火明櫛玉饒速日命と子どもの宇摩志摩治《うましまじの》尊《みこと》で、物部氏の祖神である。

神社の伝承によれば、天磐船に乗って河内の哮峯《たけるがみね》に降臨した饒速日尊とその子の宇摩志摩治尊を祀っているという。

この一帯は、神武東征に際し、ヤマト土着の長髄彦《ながすねひこ》が抵抗を試み、神武を追い払った場所でもある。余談ながら、近鉄奈良線の線路が生駒トンネルに向かって急勾配《きゅうこうばい》を登っていくあたりで、大阪平野を見渡す景観が素晴らしいことでも知られている。

また、石切剣箭命神社のある地域は、まさに、古代最大の豪族・物部氏の密集地帯であり、中臣氏と物部氏は、河内の「主」といっても過言ではない。

中臣氏と物部氏が、ここまで緊密な関係にあったのは、中臣氏が『先代旧事本紀』のいうように、物部氏に随行する形で、畿内にやってきたからだろう。中臣氏が六世紀末、物部守屋《もののべのもりや》とともに「神道を守るために必死に働いた」のは、ヤマトの宗教観が、そもそも物部氏の宗教観だったからにほかなるまい。

物部と中臣は、運命共同体であり、だからこそ河内に地盤を持ったのだろう。

じつは、物部氏が河内を支配した意味は、すこぶる大きいといわざるを得ない。なぜなら、物部氏を「吉備」と仮定して地図をみていると、古代史に横たわる多くの謎《なぞ》

河内に地盤を持った物部氏

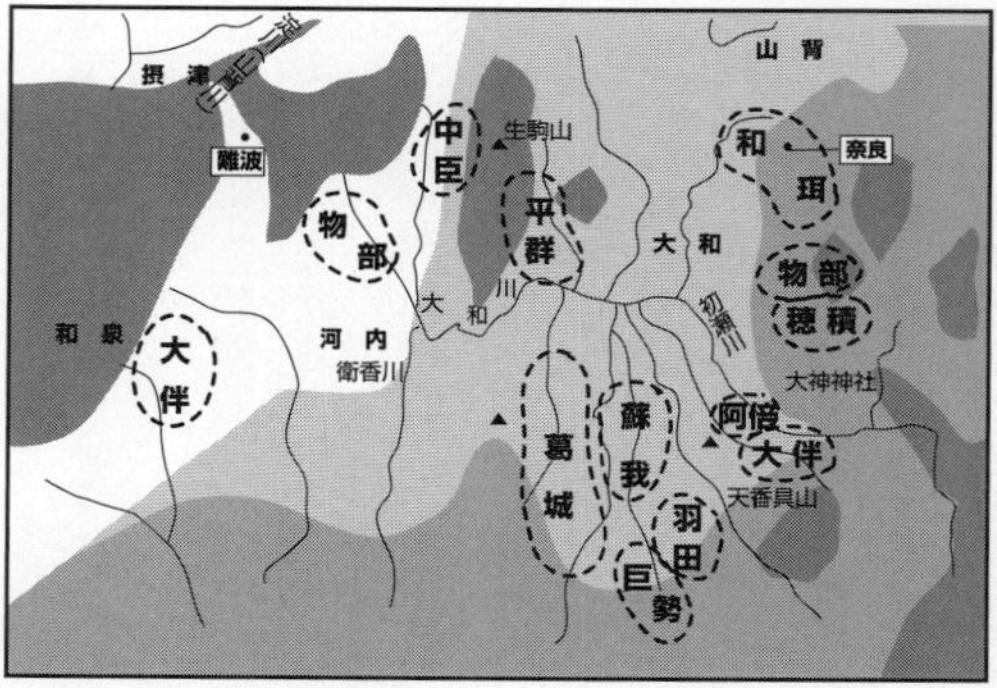

ヤマト地方の豪族勢力図
物部氏はヤマトよりも河内を重視していた。なぜなら、吉備とのつながりを保ち、いざとなれば海上封鎖でヤマトを孤立させることもできるからだ。

が解けてくるからである。

そこで、話を進める前に、しばらく「河内」について考えておきたい。

さて、三世紀の後半からおそくとも四世紀の初頭にかけて、ヤマトの纒向に、新たな政権が樹立された。その後、中国の史料から、倭国はしばらく姿を消すが、けっして倭国が沈滞していたわけではない。造営される前方後円墳は、日本各地に広がり、しかも次第に巨大化していった。四世紀末から五世紀にいたると、それこそ化け物のような前方後円墳が、畿内を中心に造営されていくのである。さらに五世紀には、倭国は盛んに朝鮮半島に軍事介入をしていくから、四世紀のヤマトは安定と成長の時代ということができるだろう。

ところが、五世紀になると、それまでヤマトの盆地に造られていた大王の前方後円墳が、河内に移動する。四世紀のヤマトの政権を三輪王朝《みわおうちょう》ということができるとすれば、この四世紀末から五世紀前半の政権を、河内王朝《かわちおうちょう》と呼ぶことができる。

そして、このヤマトから河内への移動は、政権交替だったのではないか、とする説がある。九州から東に向かった応神が、前王朝を滅ぼし、新たな政権を河内に打ち立てたというのだ。

この考えを支える根拠のひとつは、和風諡号《わふうしごう》だ。第十代崇神天皇、第十一代垂仁天皇、二人の天皇の和風諡号には「イリ」（崇神＝みまきいりびこいにえ、垂仁＝いくめいりびこいさち）がはいっていて（応神、垂仁などの漢風諡号《かんふうしごう》は、『日本書紀』編《へん》纂《さん》後につけられた新しい呼び名）、このような「イリ」の諡号は、それ以前にはみられない。それに、第十代と第十二代景行《けいこう》天皇の御陵《ごりょう》は三輪山のふもとにあって、第十代崇神から始まるヤマト朝廷黎明期の政権は、三輪王朝と呼べそうである。

河内王朝論の登場

第十二代景行天皇から第十四代仲哀《ちゆうあい》天皇までの和風諡号には「タラシ」がつく。この代の王家の歴史は神話じみている。たとえば景行天皇の話のほとんどは、その子であるヤマトタケルにまつわるもので、そのヤマトタケルは、九州を征討し、すぐに東国に向かったが、結局ヤマトに帰ることなく伊勢《いせ》の近くの能煩野《のぼの》で悲劇的な死をとげる。ただし、その御魂《みたま》は白鳥となって西に向かい、「河内」に至ったという。この話も、「三輪王朝から河内王朝へ」という、前振り、暗示ではないかとも考えられている。

仲哀天皇の場合、即位後、ヤマトとはほとんど関わることがなかった。九州の熊襲《くまそ》征伐と、「熊襲ではなく新羅《しらぎ》を討て」という神とのやりとりに記述のほとんどが奪われ、しかも神の怒りに触れて仲哀は変死するという奇妙なストーリー展開である。

仲哀の皇后で応神の母でもある神功《じんぐう》皇后（気息足姫尊《おきながたらしひめのみこと》）の説話も神話じみている。男装して新羅を征討し、凱旋《がいせん》後筑紫の宇美《うみ》で応神を生むが、産み月であったのをまじないで遅らせていたという。

この夫婦の話は、後世のでっち上げではないかとする考えが提出され、通説となった。たとえば神功皇后は、七世紀の女帝をモデルに創作されたのではないか（直木孝次郎《なおきこうじろう》氏）というのである。

さらに、江上波夫《えがみなみお》氏の騎馬民族征服王朝説が市民権を獲得すると、崇神の王朝が騎馬民族だとか、騎馬民族は五世紀に日本を征服した、などという説が有力視されるようになった。ただ、現代の考古学によって、騎馬民族征服王朝説は、ほぼ否定されている。ただし、五世紀の河内に新たな王朝が誕生していたとする考えは、大いに支持されている。これがいわゆる河内王朝論である。

では、河内王朝論とはどのようなものかというと、水野祐《みずのゆう》氏、直木孝次郎氏、岡田精司《おかだせいし》氏らの諸説がある。

水野氏の考えは、少し複雑だ。

まず、仲哀天皇が手を焼いた熊襲とは、「魏志倭人伝」にいうところの「狗奴国《くなこく》（邪馬台国の南方にあった）」で、邪馬台国が北部九州からヤマトに移ってヤマト朝廷になったあと、狗奴国は北上して、旧邪馬台国の地域を占領したというのだ。そこで仲哀天皇はこれを征討に向かったが、戦闘のさなかに、崩御されてしまう。

一方、『日本書紀』には「仲哀と神功皇后の子」と記される応神天皇だが、北部九州で生まれたので、ヤマトの王家の人間とは考えにくいと水野氏は考える。また、応神天皇の系譜に連なるものには、「サザキ」（仁徳＝おおさざき）の諡号をもつ者がいて、これは、古代朝鮮語の「呪的《じゅてき》な王」を意味しているといい、ようするに、狗奴国そのものが、朝鮮半島からやってきた渡来人の国であって、その後九州を束ねた彼らの中から、応神天皇が現れた、ということになる。

応神天皇は瀬戸内海を東に向かい、しかも「ヤマト入りを阻止しようと待ちかまえる敵」を打ち破っている。これは、ヤマトの「崇神王朝」を討ち滅ぼしたことにほかならず、応神天皇はヤマトを攻め立てた征服王朝だったとするのである。

これが、水野氏の河内王朝論である。

河内王朝論の主張

直木孝次郎氏は、『日本書紀』が応神天皇の時代から、急に「海」の話を多く取り入れていることに注目している。

たとえば、すでに触れたように、応神の都はヤマトだったが、難波に行幸して大隅《おおすみの》宮《みや》に住み、さらにその後応神自身が、淡路島に渡り、さらに吉備に向かったという。

また、こういう話もある。それは、長年朝廷に仕えていた日向《ひむか》の諸県君牛《もろがたのきみうし》が、「老齢だから、本国に帰りたい」といいだし、「その代わりに娘の髪長媛《かみながひめ》を貢上《こうじよう》いたします」という。髪長媛が播磨《はりま》にやってきたことを知った応神は、淡路島まで迎えに出て、狩りを楽しまれたという。

応神天皇のみならず、子の仁徳《にんとく》天皇もさかんに海に出たといい、それはなぜかというと、河内に王家を開き、より海に近い場所で、海に基盤を置いた王家だったからではないかとするのである。

岡田精司氏は、八十島祭《やそしままつり》に注目している。

中世まで、天皇の即位儀礼は、「即位式」「大嘗祭《だいじようさい》」「八十島祭」の三つがセットになっていた。

八十島祭は大嘗祭の行われた翌年、難波津《なにわのつ》に勅使《ちよくし》を差し向け、生島《いくしま》、足島《たるしま》の神、そして住吉《すみよし》の神を祀《まつ》り、さらに、琴を弾き、箱の中に入れた天皇の御衣《ぎよい》を、蓋《ふた》を開けて揺すり、祝詞《のりと》を唱えるものである。そしてこの御衣を持ち帰り、天皇に着せて、瀬戸内海の島々や海の神の霊魂を天皇に移す神事である。

この神事の正式な記録は平安時代からで、比較的新しいが、儀式そのものは、古くから伝わっているのであり、それはなぜかというと、河内王権が瀬戸内海や大阪湾を基盤に築かれたものだから、と岡田精司氏は考えるわけである。

これら、史学界の大御所の考えは、当然のことながら多くの支持を獲得しているが、大きな不満が残る。

まず第一に、応神天皇（河内王朝）は「征服王朝」という考えが根強いが、三世紀後半にヤマトに誕生した前方後円墳を、河内王朝は拒否せず継承している。あらためて述べるまでもなく、前方後円墳はヤマトの宗教観を象徴的に表しているのであり、この王朝を乗っ取ったのであれば、真っ先に埋葬文化、宗教観は、すり替えられていたはずである。それがなかったということは、河内王朝が新王朝ではなかったからだろう。

それに、もし西からやってきた征服者が旧王朝を滅ぼしたのだとすれば、新王朝はなぜ、河内に都を置いたのだろう。

河内は日本の流通の大動脈である瀬戸内海に面し、反対を向けば、淀川《よどがわ》や大和川から北陸や東国に向かうことができる。だから、「交易」に軸足を置いた政権が、この地に都を置きたくなる気持ちはわかる。

だが一方で、交通の便の良い河内ではなく、なぜ長い間「都はヤマト」と考えられていたかというと、ひとつの理由は、「ヤマトは天然の要害」だったからだろう。

ヤマトが大阪（河内）方面からの攻撃にめっぽう強かったことは、神武天皇の一行が、生駒山《いこまやま》を背に戦いを挑んできたヤマトの一勢力、長髄彦の手勢に歯がたたなかったことからもはっきりとする。したがって、武力によって旧政権を圧倒した新王朝が、ヤマトから見下ろす場所に、都を置くはずはなかったのである。

もし、旧政権の残党が、ヤマトの盆地で反旗を翻《ひるがえ》したら、河内の勢力は、ひとたまりもなかっただろう。そう考えると、河内に王権が移動するということは、「内政の安定」を前提とした、「ヤマト朝廷繁栄の成果」と考えざるを得ないのである。

物部が日本海を邪魔にしたわけ

長々と河内王朝の話をしたのには、わけがある。

まず第一に、史学界の河内王朝をめぐる議論は、「強い王家が他の王家を征服した」あるいは「征服しなかった」という論争に終始しているが、国家の成立や王権の入れ替わりが武力によって何回も起きていたという戦後史学界の「常識」には、大きな疑問を投げかけたいのである。

三世紀のヤマト建国は、はたして『日本書紀』のいうような、華々しい征討劇だったろうか。そうではなく考古学の物証は、多くの地域がヤマトに集まり、総意のもとに王権ができあがっていた可能性を示している。その、「ゆるやかなつながり」の象徴が前方後円墳であるならば、なぜ「河内王朝」は、前方後円墳を踏みつぶさなかったのだろう。

そして第二に、河内は防衛上の欠点をかかえているとはいえ、日本の交易を支配するには、ヤマトよりも大切なのであって、そうなってくると、河内の主・物部の存在が、あまりにもなおざりにされているように思えるのである。というのも、王家の河内への移動が事実であるとすれば、それは、王家の意志というよりも「物部の仕業」「物部の仕掛け」だったのではないかと思えてくるからである。

まず、第一章で述べた、邪馬台国東遷論者がいうところの「天皇家に先立つ物部氏の九州からヤマトへの東遷」を思い出していただきたい。

物部氏は、「瀬戸内海王国」に君臨していたのではないかと思える節《ふし》がある。まるで瀬戸内海に蓋をするかのように、関門《かんもん》海峡や、瀬戸内海西部（愛媛県の高縄《たかなわ》半島）と対岸の広島県を結んだ地域や、瀬戸内海東部の海峡部分には、かならずといってよいほど、物部の拠点と密集地帯が隠されていたからだ。これは、物部氏が「瀬戸内海の制海権」を獲得していたことを意味しよう。

当時の多くの文物は、朝鮮半島から北部九州、そして関門海峡を越え、安全な内海・瀬戸内海を経由し、そこから大和川を遡上《そじょう》して、ヤマトの盆地に入っていった。また、その逆の流れも当然あっただろう。もし物部がヘソを曲げて、どこか一か所でもいいから、「海峡封鎖」を仕掛ければ、ヤマトは干上がるのである。

「日本海ルートがあるではないか」

という意見もあろう。だが、ヤマト建国直後、物部は盛んに「大王の命令」を受けて出雲をいじめていた。これは、本当に「大王の命令」だったのだろうか。そうではなく、物部にとって、ヤマトが建国されたのちは、「日本海（山陰）」が邪魔になってしまったということではなかったか。なぜなら、「流通ルートが一本」で、しかもそれを物部が握っていたとすれば、物部の有利は絶対だ。ところが、「瀬戸内海ルートがだめでも、バイパスがある」となれば、瀬戸内海の入口と出口を抑えていても、物部の発言力は弱まる。

そう考えると、物部と吉備の出雲いじめは、整合性と合理性をもってくるのだ。

■■「瀬戸内海王国」に君臨した物部氏■■

瀬戸内海の制海権を握る物部氏

ヤマトに入るには
交通の絶好の要衝

ヤマトの王は国の中心に立っていない？

そしてもうひとつ、「瀬戸内海を牛耳る物部」が出雲を恐れた理由がある。それは、物部のプロジェクトの弱点を、出雲が見抜いていたということである。

どういうことか説明をしよう

ヤマトの纏向《まきむく》（三輪）の王家を中心にして当時の「世界」を見やると、河内に陣取った物部は、「都から離れた場所に追いやられている」という印象を受ける。だが、これが大きな間違いで、国の中心から追いやられているのは、ヤマトの王家なのである。

江戸時代の大阪が日本の台所と考えられていたのは、水運という点で、日本でもっとも便が良かったからだ。この優位性は、古代でもなんら変わるところではない。だから、流通の中心を、物部は抑えていたのである。

河内に王家をもってくることは、危険きわまりないといっておいたが、それは「政治」の話であって、「商業都市」は、何がなんでも河内でなければならない。

このことは、北部九州の商業の中心は博多《はかた》付近で、政治の中心が太宰府《だざいふ》付近であったことと似ている。また、邪馬台国が福岡県山門《やまと》郡にあったと思われるのも、同様の理由からである。

これまで、古代史を考える上で「商業」という視点が、あまりにも欠如していたように思えてならない。だが、「魏志倭人伝」には、対馬《つしま》や壱岐《いき》の人びとが、「農業では食べていけないので、船を漕《こ》ぎだし南北に市糴《してき》して生計を立てている」と記録している。ここにいう「市糴」とは、交易活動のことである。

弥生時代の北部九州が繁栄したのも、日本海の荒波を縦横無尽に走り回る海の民＝優秀な商人の活躍があったからで、河内の周辺にも、「海の神」は祀られた。それはなぜかといえば、交易を司《つかさど》る神でもあったからだろう。

物部氏がそそくさとヤマトの王権を手放し、河内の地に生きる場を求めていったのは、「実をとり名を捨てた」ことが、ひとつの原因ではなかったか。

王はヤマトに、実利は河内で……。だいたい、ヤマトの王は、発足当初から「お飾り」の性格が強かったのではないか。それが言い過ぎとしても、祭祀《さいし》に専念する王が、ヤマトの王であった。かたや物部氏は、瀬戸内海を牛耳って、しかもヤマトの祭祀形態が、物部のあつらえた宗教観であるのだから、物部氏にすれば、河内にいても、何ら不都合はなかっただろう。

もし仮に、物部の政敵がヤマトに出現し、河内に攻め寄せてきても、物部だからこそ、恐《こわ》くも何ともない。なぜなら、電光石火の如《ごと》く、河内を捨て、海に逃れれば良かったからである。瀬戸内海の制海権を獲得している物部を河内から追い出すということは、ヤマトは大切な補給路を、自ら手放すことを意味していた。唯一《ゆいいつ》水の湧《わ》く水道の蛇口を、自ら閉めてしまうようなものだ。

では、吉備＝物部の弱点とは何か。

それは、ヤマトの弱点と、ほぼ同じである。即《すなわ》ち、弥生時代の北部九州の「ヤマトいじめ」を思い起こせばすぐにわかることだ。つまり、関門海峡を封鎖してしまうことである。それだけで、瀬戸内海は、死に体となる。

もちろん、だからこそ関門海峡の両岸に物部は拠点を構築したのだが、もし、北部九州と出雲が協力して、日本海の制海権を確立し、瀬戸内海の海人《あま》たちを締め出せば、関門海峡を封鎖したのと同じ効果が得られる。この悲劇を招かないためにも、吉備はヤマト建国後、出雲を潰《つぶ》す必要があったということであろう。

このように、河内に物部が拠点を置き、しかも執拗《しつよう》に「出雲いじめ」を行い、神宝を奪い取った理由が、はっきりとしてくる。そして、史学界の大御所が唱える河内王朝論も、「物部」という視点で見つめ直す必要が出てきたことも、ご理解いただけたことと思う。

河内に残された吉備の痕跡《こんせき》

そこで残された問題は、物部氏は本当にヤマト建国の直前、「吉備」からやってきたのか、そのはっきりとした証拠はどこかに残されているのか、ということである。

興味深い考古学上の事実がいくつもある。そのひとつが、「河内で発見された吉備の土器」なのである。

纏向遺跡に出現する庄内式《しょうないしき》土器は、弥生時代中期後半から吉備でみられる技法を取り入れて誕生したとも、また、吉備の隣の播磨《はりま》で誕生してヤマト周辺に持ち込まれ、各地に広まっていたとする考えもある。いずれにせよ、吉備から播磨にかけての「瀬戸内海勢力」がヤマトに集まり、新たな潮流を巻き起こし、庄内式土器が生まれたことは、たしかなことなのだ。

問題は、吉備↓ヤマトという、誰もが注目するルートではなく、吉備↓河内の関係なのである。物部氏が拠点を河内に造ったのは、はたして三世紀のことなのか、そして何よりも吉備は、河内に強い足跡を残していたのだろうか。

それらしき物証は、いくつか残されているようだ。

まず、河内の物部守屋《もののべのもりや》の滅亡の地としても名高い八尾《やお》市中央部の、玉串川《たまぐしがわ》と長瀬川《ながせがわ》にはさまれた地域には、古墳時代前期を中心にした複合遺跡がいくつも見つかっていて、その中でも中田遺跡で発見された土器のほとんどが、吉備地方のものであったことは、特筆すべき事柄である。

また中田遺跡では、弥生時代後期から古墳時代初頭の土器集積から、大型の器台が発見されている。これはいわゆる「特殊器台」とは少し違っていて、それよりも少し古いもので、兵庫県有年原田中《うねはらたなか》遺跡や、愛媛県釜ノ口《かまのくち》遺跡の大型器台に似ているという（『財団法人　八尾市文化財調査研究会報告43』財団法人八尾市文化財調査研究会）。これなども、八尾市とヤマト建国前後の瀬戸内海との関係を暗示している。

さらに、近鉄八尾駅の東側、東郷《とうごう》遺跡からは河川に流された状態で、特殊器台が見つかっている。古墳にあるべき特殊器台が、捨てられるように河川で見つかった理由は定かではないが、河内の八尾市で、特殊器台が見つかった意味は大きい。

もちろん、瀬戸内海からヤマトを目指そうと思えば、当然河内の平野にまず拠点を造り、そこを足がかりにヤマト入りするのが常套《じょうとう》手段なのだろうから、河内に吉備や瀬戸内海の土器が発見されたからといって、それほど騒ぐような事件ではないかもしれない。けれども、「纏向」が初期ヤマト朝廷の中心であり、これを作り上げた大黒柱が「吉備」なのだから、「吉備」にとって「河内」は「政権と瀬戸内海」をつなぐ生命線であり、「吉備」は「河内」を掌握する必要があったろう。そう考えると、「河内の吉備」はむしろ必然ですらあった。

だいたい、「纏向」の前半を彩《いろど》る庄内式土器は、ヤマト以外の地では、東大阪市と八尾市（ようするに河内であり、物部氏の根城でもある）と、福岡県の博多湾岸に多くみられるのであり、これはまさに、ヤマトと北部九州を結ぶ瀬戸内海勢力の活動を、端的に証明しているわけである。

松岳山《まつおかやま》古墳の奇妙なオブジェ

ところで、河内の物部と吉備のつながりがどうしても気になって仕方なくなり、平成十八年（二〇〇六）の三月のある日、大阪の八尾市を訪ねた。

数年前、福岡県久留米《くるめ》市の高良山《こうらさん》を訪ねたおり、貴重な知己を得ていて、その方を頼っての河内巡りである。高良山の帰り道、たまたま訪ねた福岡の知り合いのレストランで、西森忠幸《にしもりただゆき》氏（当時は関西大学大学院在学）に出会っていたのだ。この出会い

物部氏が吉備から来たという証拠とは?

物部守屋の墓

八尾市は物部氏の本拠地

中田遺跡（大阪府八尾市）

発掘された土器は吉備のもの

特殊器台も発見される

が、のちのち大きな意味を持とうとは、そのとき考えもしなかったが……。

西森氏は八尾市出身、八尾市在住の考古学の専門家で、今回の取材では、「八尾市立歴史民俗資料館友の会」の重岡清《しげおかきよし》氏と、八尾市の周辺の遺跡を案内して下さったのだった。

西森氏は実直な人柄で、考古学以外に「好物」はない、というほどの学究肌である。かたや重岡氏は八尾市で農業を営まれ、時間をみつけては、西森氏とともに、郷土の歴史を研究しておられる。

二人の案内で、八尾市と東大阪市のあたりをめぐらせていただいた。まさに物部氏の故地を、十分堪能《たんのう》することができた。

興味深い遺跡は、いくつもあった。

まず、柏原《かしわら》市の松岳山古墳で、先制パンチを食らった。河内国分寺のすぐ近く、大和川の流れが、眼下に見下ろせる場所に、古墳時代前期後半（四世紀）の前方後円墳がある。長さ一三〇メートル、後円部の直径七二メートル、高さ一六メートル、前方部の幅三二メートル、高さ六メートルである。

今は三井記念美術館に所蔵されている現存最古の年紀の入る「国宝 銅製船氏王後《どうせいふなしおうご》墓誌《ぼし》」が、この一帯の丘陵から発見されたことでも名高い（船氏王後は七世紀の人物）。

古墳そのものは盗掘にあっていて、竪穴式《たてあなしき》石室は破壊されている。そのため、見事な長持形石棺《ながもちがたせっかん》が露出していて、太古の遺産に手を触れることもできるのだが、興味深いのは、石棺の両側（南北）を挟み込むように、平たい穴のあいた大きな石が、斜めに屹立《きつりつ》していることで、石室の跡であった可能性が考えられる。

それにしても、奇妙な造形である。

キューブリック監督の映画「二〇〇一年宇宙の旅」に出てくる、黒い板状の謎《なぞ》の物体「モノリス」を思い浮かべるが、もう一か所で、よく似たオブジェをみたことがある。それが、吉備の楯築墳丘墓《たてつきふんきゅうぼ》なのだ。中心となる円墳部分の頂上に、巨岩が屹立しているものだ。両者がそっくりなのは、はたして偶然なのだろうか。

もっとも、楯築の場合も、松岳山の場合も、なぜこのような石がにょきっと立っているのか、目的がはっきりとわかっているわけではない。だから、憶測をめぐらすのは控えておこう。

西森氏は、知人をここに案内すると、やはりみな、

「楯築に似ている」

と驚く、と話されていた。けれども、繰り返すが、両者の間に因果があるのかどう

か、それははっきりとわかっているわけではない。

それよりも、この前方後円墳の重要なところは、なんといっても、大和川の「急所」に位置していることで、ヤマトの盆地から渓谷のような狭隘《きょうあい》な谷壁《こくへき》を越えて、河内の平野に流れ出る場所にある。だから、この両岸を占領して、行き交う船を監視すれば、ヤマトの流通と軍事に、大きな影響力を与えることになることは必定だった。

ヤマトの王家からみれば、関所のような場所に大豪族が居座っていたわけだから、どうにも邪魔で仕方なかったはずで、この古墳の被葬者がどのような人物だったのか、深い謎を残すのである。

五世紀末にパイオニアが西からやってきたという話

さて、西森氏は、「吉備」と「物部」の関係について、

「もし、三世紀の初頭に物部氏が河内にすでに存在していたとしたら、物部氏が吉備からやってきた可能性は、否定できない」

とする。八尾市で見つかった吉備系の土器や、特殊器台という物証があるからだ。

ただし、

「河内を支配していた豪族は、三世紀から六世紀まで連続していたかというと疑問で、一回断絶して、六世紀の初頭に、新たな勢力が外からやってきた」

とする。だから、吉備と物部は結びつかない、ということになる。

その理由は、八尾市郡川《こおりがわ》の、西塚《にしづか》古墳と東塚《ひがしづか》古墳にあるという。

二つの古墳はともに、破壊し尽くされ、今はほとんど跡形もない。戦国時代には、大坂城築城のための「石垣の材料」として、石室《せきしつ》は持ち去られていたようだ。その後も道路建設などで、封土《ほうど》（祭壇の盛り土）までも、掘り出されてしまったという。けれどもわずかに残された先学の研究と貴重な資料から、この二つの古墳が、重大な意味をもっていることがはっきりすると、西森氏は指摘するのだ。

古墳の築造年代は、西塚古墳が五世紀末〜六世紀初頭、東塚古墳はそれからやや遅れて六世紀初頭に造られたと考えられる。

二つの前方後円墳の最大の特色は、どちらも石室が、追葬や合葬が可能な「横穴《よこあな》式《しき》」だったことである。

横穴式石室という墓制は、まず高句麗《こうくり》で発達し、四世紀末〜五世紀初頭に百済《くだら》や朝鮮半島南部を経由し海を渡り、北部九州で採用された。畿内へはすぐに伝播《でんぱ》してきたわけではない。一世紀後に、小規模古墳にみられるようになっただけだ。しかも、畿内の初期の横穴式石室は、九州のそれとは系譜が異なるのではないか、という指摘もあって、問題は複雑である。

西森氏は西塚古墳と東塚古墳について、

思想的には中期古墳の要素や鏡の埋納における前代の伝統的な葬送儀礼の継承がみられる反面、実用的には横穴式石室という、これまでに見聞することのなかった最新葬法を逸早《いちはや》く採用した古墳でもあった。換言すれば時代の過渡期的要素を保持した古墳であり、河内はもとより畿内で前方後円墳という首長墓に最初に横穴式石室を採用した古墳でもあることからその歴史的価値は極めて高い（『河内どんこう』やお文化協会　ルビは引用者）

と指摘している。

そして、五世紀末〜六世紀初頭のヤマトの政権が不安定で、豪族層が割拠している中、新興勢力が横穴式石室を畿内にもたらし、河内に地盤を築いた可能性が出てくるわけである。

さらに西森氏は、目を転じて、天理市の石上の周辺の古墳に注目している。河内の西塚・東塚古墳からやや遅れて、この一帯に前方後円墳がいくつも出現していたからである。

まず、名阪《めいはん》国道の天理東インターの西側（天理市石上）に、全長一〇〇メートルを超える六世紀中頃の石上大塚古墳とウワナリ塚古墳の二基が存在していて、これらは当時のヤマトで（畿内を見回しても）最大級の前方後円墳である。

さらに南西には、六世紀後半に築造された別所大塚古墳があって、全長一二五メートルは、この地域で最大の前方後円墳である。

これらの前方後円墳は、やはり横穴式石室であり、しかも、河内の西塚・東塚古墳と多くの共通点で結ばれているといい、西塚・東塚古墳以降、河内には前方後円墳は築造されなくなっていたという。つまり、五世紀末から六世紀初頭にかけて、河内に拠点を造った氏族が、六世紀前半に、石上に移動していた可能性が高くなってくるのである。

これらの事実を踏まえた上で西森氏は、これら、横穴式石室を畿内にもちこんだのが物部氏であり、それは、「開明的首長」と呼称しても良い、「パイオニア的」な人物群だった、と結論づけるのである。

物部氏は五世紀末にヤマトに現れた？

西森氏の指摘は、じつに重みがある。

物証から考えれば、五世紀末から六世紀の初頭、もっとも進んだ知識をもち、力を蓄えた何者かが、北部九州から瀬戸内海を東に向かい、河内にたどり着いたという。そして、疲弊していたヤマト朝廷の諸豪族を尻目《しりめ》に、一気にヤマトに乗り込んだということになろうか。

だが、もっとちがう考え方もできる。

まず、河内で横穴式石室が採用され、その直後、ヤマトにも新たな埋葬文化は伝播し、しかも、ヤマト最大級の前方後円墳が、ヤマトの物部氏の拠点周辺に造られた。だから、西森氏のいうように、物部氏は六世紀に彗星《すいせい》のように現れた開明的首長であった可能性は捨てきれない。ただし、物部氏は「前方後円墳体制」を破壊したわけではなく、また、河内の西塚・東塚古墳においても、伝統的な葬送儀礼の継承は行われていた点を軽視することはできない。

そうなると、いくつかの可能性が考えられる。

（1）横穴式石室という新たな埋葬文化が北部九州からもたらされた。あるいは「河内の豪族物部氏」が積極的に新文化を採用した可能性。

（2）物部氏は北部九州から河内までを牛耳《ぎゅうじ》っていたヤマト最大の豪族であり、その支配体制がいつ頃から確立されていたのか、はっきりしたことはわからない。けれども、もし六世紀初頭に急速に台頭したのなら、関門海峡から瀬戸内海の海峡部分まで、ほとんどすべてを掌握することなどできたであろうか。そうではなく、もし仮に六世紀の初頭に河内に「開明的首長」が現れたとしても、それは「物部（吉備）内部の入れ替え」だったのではないかと思えるのである。

たとえば、物部氏は河内のみならず、瀬戸内海から北部九州まで、流通の要衝をほとんど掌握していたのであり、北部九州には物部氏の密集地帯があった。そうであるならば、畿内の混乱と物部氏の衰弱、これに代わる北部九州の物部枝族《しぞく》の勃興《ぼっこう》と「宗《そう》家《け》の交替」という事態も想定可能なのである。

なぜこのようなことをいい出すのかというと、それは五世紀のヤマト朝廷の興隆と吉備の反乱という大事件があったからである。

このとき吉備は、一度没落していた可能性が出てくる。ここにいう「吉備」とは、ようするに「河内＋吉備＝瀬戸内海連合」であり、中心に立っていたのが、物部だったのではないか、ということである。

もし仮に、「宗家の交替」という劇的な事件が起きていなかったとしても、「河内の物部の一時的な衰弱→五世紀末の劇的な復活」という事態が起きていて、しかもこのとき、北部九州から新たな埋葬文化を積極的に取り入れることで、政治風土そのものをも刷新しようとした力強きリーダーの存在を想定しても良いのである。

そこで、これが何を意味しているのか、以下しばらく、「吉備の反乱」がいかなるものだったのか、その様子を眺めてみよう。

五世紀の吉備氏反乱伝承

吉備の悲劇の始まりは、雄略《ゆうりやく》七年のことだった。いつ頃の話かというと、絶対年数ははっきりとしないが、五世紀半ばから後半にかけての事件と思われる。吉備は、三度にわたり、天皇家といさかいを起こしたと、『日本書紀』は伝えている。「吉備氏反乱伝承」と呼ばれているものだ。

ちなみに、雄略天皇といえば、『宋書《そうじょ》』に登場する倭《わ》の五王《ごおう》の最後の一人「武」と同一と目され、また、本来皇位継承権がなかったにもかかわらず、身内の皇族や葛城《かつらぎ》氏などを滅ぼし、クーデターで皇位を獲得した天皇として知られている。

雄略七年八月、舎人《とねり》の吉備弓削部虚空《きびのゆげべのおおぞら》は休みを取って帰郷した。ところが吉備下道臣前津屋《きびのしもつみちのおみさきつや》（ちなみに、『日本書紀』は別伝で、吉備下道臣前津屋ではなく、国造《くにのみやっこ》吉備臣山《きびのおみやま》だとしている）は、虚空《おおぞら》を一月も使役して、都に返さなかった。

そこで天皇は身毛君大夫《むけのきみますらお》を遣わした。すると召された虚空は、次のように述べたという。

「前津屋は、少女《おとめ》を天皇に、大人の女を自らになぞらえて闘わせました。少女が勝つと斬《き》り殺してしまいました。また、小さな雄鶏《おんどり》を天皇の鶏と呼んで毛を抜き翼を切り落とし、大きな雄鶏を私の鶏といい、鈴や金の蹴爪《けづめ》をつけて闘わせました。毛を抜かれた鶏が勝つと、斬り殺してしまいました」

この話を聞いた雄略天皇は、物部連《もののべのむらじ》の支配する部民《べみん》の兵士三十人を遣わし、前津屋や一族七十人を殺してしまったという。

吉備の失態は、もうひとつある。

『日本書紀』は吉備下道臣前津屋の話のすぐあとに、雄略七年是歳《ことし》の条を続け、次のような記事を載せる。

この年、吉備上道臣田狭《きびのかみつみちのおみたさ》は、自分の妻・稚媛《わかひめ》（吉備上道臣《きびのかみつみちのおみ》の一族の女人。また『日本書紀』異伝によれば、吉備窪屋臣《きびのくぼやのおみ》の娘とある。いずれにせよ、吉備系の女人ということになる）の自慢話をした。友人に、「わが妻の美しさよ」と吹聴《ふいちよう》したのだ。

これを知った雄略天皇は喜び、稚媛を手に入れたいと思い、田狭《たさ》を任那《みまな》（朝鮮半島南部の地域で、ヤマト朝廷の出先機関が統治していたと『日本書紀』はいう）の国司《こくし》に任命してしまい、夫の留守中に稚媛を手に入れた。

田狭は任那で、妻が天皇に奪われたことを知り、隣国の新羅に救援を求めた。新羅はこのとき、日本に朝貢《ちようこう》していなかったのだ。

ところで、田狭と稚媛との間にはすでに、兄君《えきみ》と弟君《おときみ》という子があった。雄略天皇は、その弟君と吉備海部直赤尾《きびのあまのあたいあかお》に詔《みことのり》して、「新羅を討ってくるように」と命じた。だが、弟君は百済から新羅に赴いてはみたものの、闘わずして百済に戻り、動かなかった。田狭はこれを聞いて喜び、使いを百済に差し向け、弟君に、

「天皇はわが妻を召し、すでに子まである。災いはわれらに及ぶだろう。だからお前は、百済にとどまり日本に通じてはならない。私も任那にあって、日本とは通じない」

と告げた。ところが弟君の妻・樟媛《くすひめ》は、国を愛する気持ちが強く、この謀反《むほん》を憎んだ。そこで夫の弟君を殺し、吉備海部直赤尾とともに、百済の才伎《てひと》（技術者、職人）を連れてかえってきたという。ただしこれには異伝がある。それによれば、田狭臣《くら》の妻は葛城襲津彦《かつらぎのそつひこ》の子・玉田宿禰《たまたのすくね》の娘の毛媛《けひめ》で、雄略天皇は、その美しさに目が眩み、夫を殺して掠奪《りやくだつ》してしまったという。

こちらが本当なら、田狭に罪はなかったことになる。また、吉備臣弟君についても異伝があって、弟君は百済から帰国して、百済の才伎等を朝廷に献上したのだとある。

もうひとつの事件は、雄略二十三年に、前兆が記録されている。

雄略天皇は病の床に就き、大伴室屋大連《おおとものむろやのおおむらじ》らに、遺詔《いしよう》して次のように述べた。

「世は平穏であり、人びとは平安に暮らしている。だが今、星川王《ほしかわのみこ》（雄略天皇と吉備上道臣の娘・稚媛《わかひめ》との間の子。雄略元年三月の条には、星川稚宮皇子《ほしかわのわかみやのみこ》とある）は悪い企《たくら》みを持っている。兄弟の義を欠いている」

といい、星川王の謀反に気をつけるようにいい残したのである。

雄略の予言は当たった。吉備稚媛《きびのわかひめ》は星川皇子《ほしかわのみこ》（星川王）に、

「天位に登ろうとするのなら、まず大蔵《おおくら》の官《つかさ》（国家の財政を管理する役所）を取りなさい」

とけしかけた。すると星川皇子は、母親のいうとおりに、大蔵の役所の門を閉ざし、財を私物化した。大伴室屋大連らは、雄略天皇の遺詔が現実になったとして、皇太子(雄略と葛城円大臣《かつらぎのつぶらのおおおみ》の娘の韓媛《からひめ》の間の子・白髪武広国押稚日本根子天皇《しらかのたけひろくにおしわかやまとねこのすめらみこと》、すなわち清寧天皇《せいねい》)にお仕えしようと述べ、大蔵を軍勢で囲み、火を放って母子ともに焼き殺してしまった。

このとき、吉備上道臣らは、都で騒ぎになっていることを聞きつけ、吉備系の星川皇子に加勢しようと、吉備から軍船四十隻《せき》を率いてやってきたが、星川皇子らが殺されたことを知り、引き返したという。天皇は使者を遣わし、吉備上道臣の所領する山部《やまべ》を奪った。

一方、大伴室屋大連らは、璽《しるし》(レガリア)を皇太子に奉《たてまつ》ったという。

吉備の反乱伝承に隠された葛城と吉備のつながり

それでは、これらの吉備氏反乱伝承は、何を意味しているのだろう。

まず、『日本書紀』本文を信じるならば、五世紀の吉備氏は、常に天皇家に敵意を抱き、「あわよくば政権を……王位を……」という態度でいたかのような印象を受ける。

ところが異伝を信じれば、当初、雄略天皇の方が一方的に吉備を追いつめていたことになる。この二つの正反対の記述を、どう考えればよいのだろう。

すでにこの『日本書紀』の矛盾する記述には、多くの研究があって、前半の「吉備が任那と手を組んでヤマトに刃向かった」という事件は、むしろ「異伝」の方が正しく、また星川皇子の反乱伝承も、じつは、雄略天皇が即位する直前のヤマト朝廷の混乱した様子がモチーフになっているのではないかとする有力な説がある。

もしこの推理が正しければ、なぜ『日本書紀』は、このような手の込んだ文飾を行ったのだろう。このあたりの事情については、湊哲夫《みなとてつお》氏の、綿密な考証がある。

まず、吉備下道臣前津屋《きびのしもつみちのおみさきつや》と吉備上道臣田狭《きびのかみつみちのおみたさ》が雄略天皇の手で殺された干支《えと》を西暦に直すと、四六三年になる。一方、『宋書』に登場する倭の五王の四代目の（つまり雄略の前代の王）「興（安康《あんこう》天皇）」の没年は、四六二～四六五年と考えられる。

そこで、『日本書紀』の干支を絶対年数に書き直し、『宋書』にいう客観的な日本の王家の入れ替わりを勘案すれば、安康天皇の死後、雄略天皇が即位するまでの内乱の時期は、ほぼ吉備氏の受難の時期と重なることになる。

そうなると、『日本書紀』の雄略七年の「異伝」が、大きな意味を持ってくる。吉備臣田狭の妻は、稚媛ではなく、葛城襲津彦《かつらぎのそつひこ》の子・玉田宿禰《たまたのすくね》の娘とするからだ。雄略天皇が即位する以前、クーデターを起こしたとき、多くの皇族とともに狙いをつけられ、一族滅亡に追い込まれたのが葛城氏であり、この当時最大の勢力を誇っていた一族だったからである。

こうなってくると、葛城氏と吉備氏が婚姻関係を結び、だからこそ両者に、共通の命運が待ちかまえていたことがはっきりとしてくる。つまり、葛城氏と吉備氏の結びつきを、雄略天皇が断ち切ろうとした可能性である。

湊哲夫氏は、『吉備』（門脇禎二・狩野久・葛原克人編　吉川弘文館）の中で、このあたりの事情を、次のように説明している。

雄略による吉備氏の打倒という事件は、単なる孤立的な事件ではなく、雄略朝直前の内乱の一環として理解しうるのである。いいかえれば、吉備氏は葛城氏と連携して、内乱において主体的な役割を果していたのであり、葛城円《かつらぎのつぶら》と市辺押磐皇子《いちのべのおしはのみこ》討滅《とうめつ》と連動して、雄略によって吉備氏が打倒されたという史実が復原されるのである（ルビは引用者）

この指摘は、じつに興味深い。吉備氏のみならず、五世紀から七世紀にかけてのヤマト朝廷の歴史や、物部氏の正体に関しても、多くの示唆《しさ》を与えてくれるからである。結論を述べるのが早いが、「五世紀の吉備と葛城の連帯と破滅」は、そのまま「七世紀の物部と蘇我《そが》の連帯と破滅」という歴史につながっていくのではないかと、筆者は密《ひそ》かに勘ぐっているのである。

なぜそのようなことがいえるのか、以下、説明しよう。

吉備の前方後円墳の歴史

湊氏の指摘する、五世紀後半の吉備氏の衰弱は、「前方後円墳」という物証からもほぼ明らかなのである。

そこで、回り道になるが、吉備の古墳の歴史をおさらいしておこう。

吉備を代表する前方後円墳といえば、岡山市の造山古墳《つくりやまこふん》が名高い。墳長三五〇メートルといっても、ぴんと来ないかもしれない。世界一大きい面積の墓は、大阪府堺《さかい》市の大山古墳《だいせん》（伝仁徳天皇陵）で、これが四八六メートル、その次が大阪府羽曳野《はびきの》市の誉田御廟山古墳《こんだごびょうやま》（伝応神天皇陵）で、四二五メートルある。三番目が堺市石津ヶ丘古墳（伝履中天皇陵《りちゆう》）で、三六〇メートルとなる。これらの前方後円墳は、空中写真で御覧になったことがあるだろうし、近くを通れば、単なる「山」にしか見えないほど巨大だ。造山古墳は、これらの巨大古墳よりもやや小ぶりながら、四番目に大きいのだから、その規模が推し量れよう。

問題は、一位から三位までの巨大前方後円墳が、「天皇陵」と考えられているのに対し、第四位の造山古墳が、吉備の王の古墳と考えられていることだ。しかも、巨大古墳は、あまり時間差をおかずに造営されており、ヤマトの大王と吉備の王が、まるで「大きさ比べ」をして競っているかのような状況が浮かんでくるのである。

しかも、造山古墳が造営された当時、まだ第一位と二位の古墳が存在していなかった可能性が高く、第三位の石津ヶ丘古墳と、わずか一〇メートルの僅差《きんさ》で「第一位」を競《せ》り合っていた可能性が高いとされているのである。

ただし、造山古墳の問題は、その大きさだけではない。

この古墳は、五世紀の初頭に造られたと考えられているが、三世紀後半からすでに、吉備では大きめの古墳が造られ始めていた。とはいっても、ヤマトとの間には、大きさで差があった。その後、若干の変化はありながら、ヤマトと吉備の古墳の大きさは、ヤマト優位のまま、しばらく維持される。ところが四世紀後半あたりから、次第にヤマトの前方後円墳が縮まって、丹後《たんご》などの地域に巨大な前方後円墳が出現する。そして五世紀初頭に、ヤマトと吉備で競い合うかのような造営合戦が展開され、造山古墳は誕生した。ここで今度は地方の前方後円墳が小さくなり、また、吉備では、造山古墳をピークに、次第に前方後円墳は小さくなり、五世紀後半に、吉備では古墳を造らなくなってしまうのである。

三世紀のヤマトの前方後円墳のふるさとは吉備であり、また、ヤマトの政権の中枢《ちゆうすう》には、吉備の息のかかった者が、必ずや存在していたに違いない。その吉備で、前方後円墳を造るのは当然のことであり、「ここが元祖・前方後円墳の発祥の地」と胸を張っていたはずなのである。

ところが、五世紀後半、忽然《こつぜん》と吉備から、前方後円墳は消えて無くなるのである。このタイミング、まさに雄略天皇の出現と軌を一にしているのである。

そうであるならば、『日本書紀』に記された吉備の反乱（雄略の一方的な粛清であったかもしれないが）と吉備の衰弱は、事実であった可能性が高まるのである。

吉備の反乱の裏事情

吉備の反乱伝承は、思わぬ形で、これまで謎《なぞ》とされてきた古代史の闇《やみ》を解き明かしてくれる。たとえば、物部氏とはまったく関係のないことだが、吉備氏の内乱は、「謎めく雄略天皇」の正体を、図らずも明らかにしているようだ。

不思議なことに、『万葉集』は、雄略天皇を過剰なほど意識し、第一首のみならず、場面場面で、まるで栞《しおり》のように、雄略天皇の歌を先頭に持ってくるのである。

これは、『万葉集』だけの特殊事情ではない。『日本霊異記《にほんりょういき》』などの文書でも、なぜか雄略天皇は、特別扱いを受けている。しかも近年の研究によって、雄略天皇の時代こそ、改革の時代であったことが明らかになってきた。百済の才伎《てひと》たちの手によって部民《べみん》制が整えられ始めるなど、ヤマト建国時の古い社会制度から、中央集権化に向けた施策が、初めて登場した時代としても知られてきている。

ところが『日本書紀』によれば、雄略天皇は自分勝手で、誤って人を殺してしまうこともしばしばだったといい、人びとは、

「大《はなは》だ悪《あ》しくまします天皇《すめらみこと》なり」

と、罵《ののし》ったという。そして、天皇が寵愛《ちょうあい》したのは、一握りの役人だけだったというのである。

この話がどこまで本当のことなのか、はっきりとはしないが、多くの豪族の反発を買ったことは間違いない。なぜ「改革事業を手がけた偉大な天皇」が、人びとに嫌われたのだろう。

問題は、雄略は何を目指し、豪族層は何をいやがったのか、だろう。

雄略天皇の改革事業の行き着くところは、中央集権国家であり、八世紀にいたり完成した律令《りつりょう》制度が、五世紀の雄略天皇が始めた改革事業の落ち着き場所だった。

律令制度は七世紀の隋《ずい》や唐で完成する法制度で、また、国家の形を根本から変える土地改革を伴った。

それ以前は、土地と人民の私有が許されていたから、豪族たちは、それぞれの領土を支配し、世襲することができた。だから、社会は沈滞化する可能性があったし、豪族層が自分勝手な主張を繰り返しているようでは、流動化する朝鮮半島情勢にすみやかな対応ができなくなる。だからこそ、豪族層からいったん土地を取りあげ、人びとに土地を公平に分配し、その上で、豪族たちには官位や役職を与える必要があった。

だが、既得権にしがみつく守旧派の豪族層を説得することは、並大抵のことではな

謎の大帝「雄略天皇」

「大《はなは》だ悪《あ》しくまします天皇なり」
雄略天皇
「改革事業を手がけた偉大な天皇」
中央集権国家を目指し律令制度を実施
土地を私有していた豪族たちの反発

かっただろう。雄略天皇の荒療治は、このような「改革の痛み」が根底にあったと考えることも不可能ではない。

とくに、「吉備」は瀬戸内海の流通を支配する位置にいたから繁栄したのであり、瀬戸内海の「王」といっても過言ではなく、その巨大王国を説得するか、さもなければ潰《つぶ》さなければ、中央集権化の道は、閉ざされたままだったろう。

それに、ここでは深入りしないが、「吉備」が任那《みまな》（伽耶《かや》）で謀反《むほん》を起こしたと『日本書紀』は伝え、また、吉備と伽耶には多くの接点が見いだせるが、外交問題のこじれもあって、雄略朝は「吉備」と利害を異にした可能性がある。

ヤマトが吉備を潰すことは物理的に不可能

このようないくつもの要因が重なって、雄略天皇の時代、「吉備」はヤマト朝廷と反目し、衰弱したと考えられる。そこには、ヤマト朝廷の体制を変えなくてはならないという雄略天皇の強い意思が働いていたのかもしれない。

ヤマトを強くするには、最終的に瀬戸内海の制海権を奪う必要があり、「吉備」は邪魔で仕方ない。

この点、雄略天皇には、興味を覚えざるを得ないが、想像をたくましくすれば、別の見方もできる。それは、まさしく織田信長《おだのぶなが》と雄略天皇のイメージの重なりである。

雄略天皇は、『日本書紀』の記述にあるように、かなり破天荒な人物だったかもしれない。やり方が激しすぎて、付き従う者もいなかったのだろう。ただ、この人物は、混乱する朝鮮半島情勢を収拾するためにも、日本が「ゆるやかな紐帯《ちゆうたい》を旨《むね》とする国家」から脱皮し、「強い王」が必要と考えたのかもしれなかった。そのための改革事業であっただろう。

ところが、周囲に「強い王が出れば排除する」という多神教的な発想が働いた可能性がある。織田信長的な人物は、日本では生き残れなかったのである。

そして、古代史の場合、物部氏らが、雄略の目指した「力強い天皇」を修正し、「豪族の合議による中央集権国家」というモデルを提示しようとした、ということではなかったか。

それよりも特記すべきは、「吉備」の古墳が五世紀初期にピークを迎え、五世紀後半に姿を消していたという事実であり、これが「吉備」とヤマト朝廷の反目によるものと考えられること、一方で、五世紀末から六世紀初頭の河内に、西森氏がいうところの「開明的首長＝物部」が登場していた事実である。

この河内に現れた「物部」こそ、ヤマトの圧力に屈し、いったんは没落しかけた「吉備」の復活の烽火《のろし》ではなかったか。

まずここで指摘しておかなければならないことは、「吉備の強さ」である。「吉備」は、「吉備」という土地に根を張った豪族だとしても、「吉備」に軍隊を送り込んで、「吉備」の地を蹂躙《じゅうりん》しても、それだけで「吉備」は滅びないのである。「吉備」は「水運の都」であり、瀬戸内海の制海権を獲得していたからこそ、瀬戸内海の急所である「吉備」に拠点を構えることができたのである。だから、ヤマト朝廷が徹底的に吉備を潰すには、瀬戸内海の制海権を、まず奪わねばならなかったはずである。

仮に「吉備」の首長がヤマトに追われて西に逃げたとしても、彼らは海の民の勢力を結集して、ヤマトを封じ込める作戦に出たに違いない。すでに触れたように、それは意外に簡単なことだった。関門海峡を封鎖してしまうことである。

こう考えると、ヤマトの王が「吉備＝瀬戸内海勢力」を支配することは、物理的に不可能に近いことがわかる。

これで、「物部」の立場がはっきりとしてくる。

「ヤマトにもつぶせない瀬戸内海」の要所要所、ポイントは、邪馬台国東遷論者《やまたいこくとうせん》が調べ上げたように、物部が抑えていた。もし「物部」が「吉備」でなく、あとからのこのこやってきたのなら（それは吉備没落後の五世紀後半から末ということになろうか）、はたしてこれだけの「海の荒くれども」が闊歩《かっぽ》する瀬戸内海を、すべて掌握することはできただろうか。瀬戸内海は「海の森」であり、多島海《たとうかい》からいつ「海賊」が飛び出してくるかわからない「魔界《まかい》」である。瀬戸内海を完璧《かんぺき》に掌握するには、それら無数にあるひとつひとつの島々をしらみつぶしに捜索していく必要もあるのだ。それでは、ベトナム戦争でジャングルに迷い込んで敗北したアメリカ軍のようなことになりかねない。

多島海＝瀬戸内海の複雑な海流を熟知し、自由自在に船を操る海人《あま》たちを、一気に握りつぶし、しかも、ヤマトののど元の河内に、そそくさと地盤を築き、その足でヤマトの一等地（石上周辺）に、前方後円墳を築く早業がはたして可能だったろうか。そうではなく、物部は「瀬戸内海の王者・吉備の一族」であり、一度没落した「吉備」を立て直すべく、「横穴式石室」に象徴される北部九州の最新の文化を携え、河内、そしてヤマトに乗り込んだのではなかったか。しかも、物部の野望は、「雄略的な王家を交替させること」であり、北陸（あるいは近江《おうみ》）から新たな王（継体《けいたい》天皇）を連れてきて、即位させることに全力を注いだのではなかったか。

■■ハッキリ見えてきた物部氏の立場■■

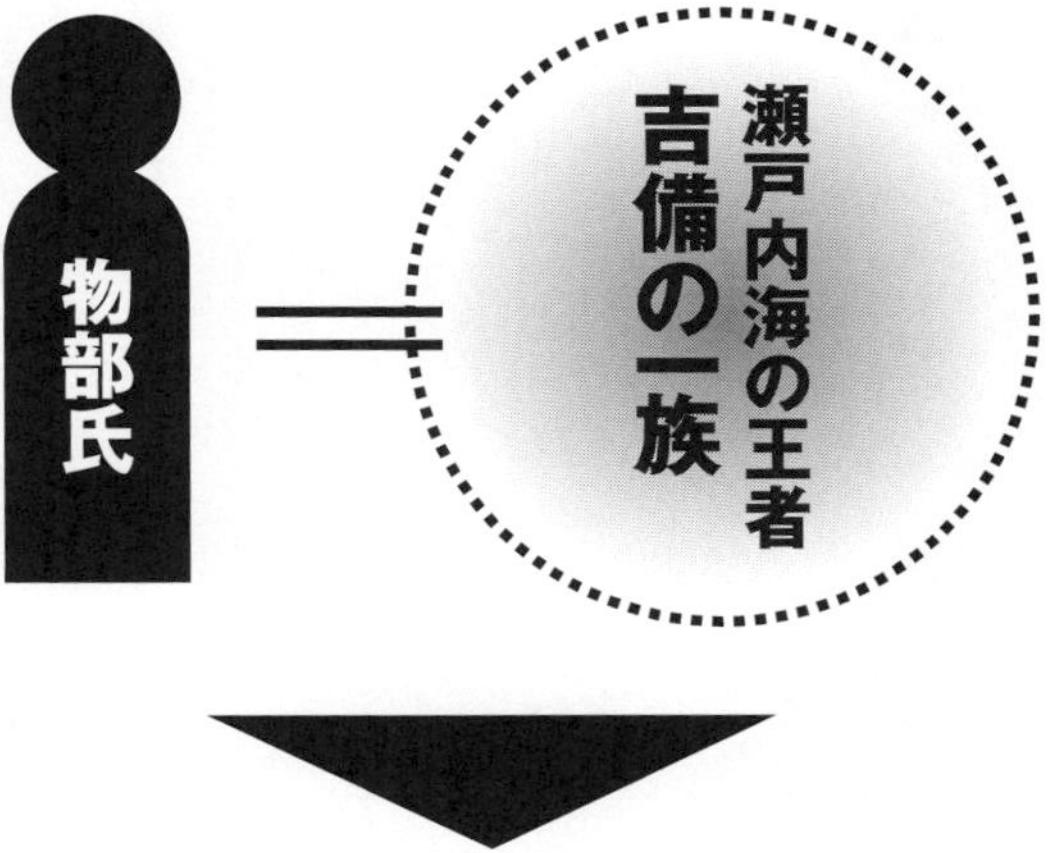

没落した吉備を立て直すために
河内、ヤマトに乗り込む

そして

北陸（近江《あるいは》）から新しく王を即位させる

そう考えると、継体天皇陵とされる今城塚《いましろづか》古墳（大阪府高槻市）に、天皇陵最古の「横穴式石室」がしつらえられていたことの意味も、明確になってくるわけである。

物部は吉備である……。

推理は、確信に変わりつつある。

第五章　物部の秘密・蘇我《そが》の秘密

ヤマト建国時の物部の不審な行動

物部と吉備《きび》のつながりは、こうして説明ができたと思う。そこで最後の章で述べておきたいことは、二つある。

ひとつは、ヤマト建国時の物部の奇妙な行動の真意である。そしてもうひとつは、六世紀に発言力を取り戻し、瀬戸内海をバックに持っていた物部氏が、八世紀に没落する理由である。

順番に話を進めていこう。もちろん、明確な物証のない時代の話なのだから、私なりの推理を働かせる必要があり、これからお話しすることは、「仮説」の域を出るものではないことを、あらかじめご了承願いたい。この考えが正しいかどうかは、読者自身が判断してくだされればよいのである。

さて、ヤマト建国時の物部氏の不審な行動とは、まず、神武東征時の物部氏の恭順であり、ヤマト建国後の宇摩志麻治命《うましまじのみこと》の石見《いわみ》への逼塞《ひっそく》である。

なぜ天然の要害「ヤマト」を手に入れながら、神武のヤマト入りを、物部は許したのだろう。そしてなぜ、ヤマト建国に尽力し、神武天皇にその活躍を褒め称《たた》えられたにもかかわらず、宇摩志麻治命は石見に身を移さねばならなかったのだろう。

そこでまず思い出していただきたいのは、ヤマト建国直前の西日本の情勢である。弥生《やよい》時代後期に至るまで、日本列島でもっとも栄えていたのは、北部九州であった。北部九州は朝鮮半島に近いという地の利を利用し、盛んな交易活動によって、弥生時代の日本をリードしていたので、多くの地域が北部九州の繁栄に羨望《せんぼう》のまなざしを送ったに違いない。

北部九州が有利だったのは、朝鮮半島に近いからだけではない。その航路には、飛び石状に壱岐《いき》、対馬《つしま》というとまり木が存在し、しかもその住民自身が、「優秀な交易の民」であり、「卓越した海の商人」だったから、北部九州↓朝鮮半島の交易の道は、他の地域には真似《まね》のできない優位性をもたらしたのである。

だが、北部九州が富を独占し続ければ、かならず周囲の羨望は嫉妬《しっと》に代わり、反発を招く。だからといって、富を分配すれば、やがて天然の要害を備え、東国という「巨大市場」を背後に控えたヤマトが勃興《ぼっこう》することは、目に見えていた。

そこで北部九州は、関門海峡を封鎖し、東に鉄が流れることを阻止する手段に出たのだろう。ただし、北部九州の巧みなところは、出雲と吉備への道は、閉ざさなかったことである。一種の交換条件をだし、鉄を供給したのではないかと思われる節がある。つまり、「ヤマトに鉄を流さないと約束してくれれば、鉄を回そう」ということである。北部九州は、関門海峡の扉を開く鍵《かぎ》をちらつかせながら、出雲と吉備を、味方に引き入れようと考えたに違いない。

このため、弥生時代後期のある時期から、出雲（山陰地方）と吉備は、急速に力をつけていくのである。

問題はここからだ。この、北部九州の築いたヤマト包囲網は、なぜ切り刻まれてしまったのだろう。なぜ吉備や出雲は、北部九州との約束を反故《ほご》にして、「われ先に」と、ヤマトに押しかけてきたのだろう。

ヤマト建国の仕掛け人は誰か

難攻不落のヤマトだからこそ、周辺首長の誰もが「密《ひそ》かにヤマト入り」を狙《ねら》っていた可能性は高い。けれども、三世紀初頭、「この指止まれ」と、号令をかけたように、西日本の各地の首長層がいっせいにヤマト（纏向《まきむく》）に押しかけた「契機」があったはずで、その理由と、仕掛け人の正体を知りたいのである。

■■ヤマトへの鉄の流入であせる北部九州■■

砂鉄と鉄器が
副葬されていた
入佐山三号墳

入佐山三号墳（兵庫県豊岡市）

但馬で砂鉄による製鉄が
始まっていた可能性

ヤマトに
鉄を供給

但馬には金属冶金の神
「アメノヒボコ」も本拠を築く

唐突ながら、ヒントは「但馬《たじま》（出石《いずし》）」に残されていたように思われる。

兵庫県豊岡《とよおか》市出石町下谷の入佐山《いるさやま》三号墳からは、被葬者の体の回りにおびただしい鉄器、さらに、頭の回りに、砂鉄が副葬されていることがわかった。この古墳は四世紀後半から末にかけての造営で、そうなると四世紀の但馬で、砂鉄製鉄が行われていた可能性が出てきたのである。

もちろん史学界は、まだこの事実に無関心だ。現在発見されている日本最古の製鉄遺跡は、五世紀末の丹後半島の遠所《えんじょ》遺跡（京都府京丹後市）だからだろう。

だが、但馬の四世紀の被葬者が、砂鉄を「お宝」にしている事実を無視することはできない。鉄の原料（鉄鉱石）は、朝鮮半島からの輸入に頼っていたわけで、だからこそ、朝鮮半島にもっとも近い北部九州は繁栄し、ヤマトは鉄欠乏症に悩まされていたわけである。

ところが、「砂鉄で鉄を造ることができる！」となった瞬間、北部九州の「寡占《かせん》状態」に、大きな穴があく可能性が出たのではなかったか。しかも、それが「但馬」で起こっていたことがミソである。というのも、但馬からヤマトへは、水上交通を利用して、意外に簡単に往来できたからだ。若狭《わかさ》湾を横切り、敦賀《つるが》から、峠をひとつ越えれば、そこは琵琶湖《びわこ》であり、川を下れば、ヤマトの盆地はすぐ目の前だ。

但馬という土地は、山陰地方にあってエアポケットのような場所で、弥生時代後期に出雲に巨大な四隅突出型墳丘墓《よすみとつしゆつがたふんきゆうぼ》が出現し、この埋葬文化が山陰地方のみならず、北陸地方にまで伝播《でんぱ》したが、この一帯は、四隅突出型墳丘墓を受け入れていない。おそらく、鳥取市から東側にリアス式の海岸が延々と続くこと、但馬の豊岡の盆地が「入口が狭く奥が広い」という特殊な地形をしていたことから、排他的な地域性を維持することが許されたのだろう。

もちろん、砂鉄を利用した大々的な製鉄事業が始まったかどうかはわからない。だが、

「どうやら但馬で、鉄の自給が始まり、ヤマトに鉄が出回っているようだ」

という情報が独り歩きすれば、ヤマトはそれで良かったのである。

つまり、たったひとつの情報で、株が一気に高騰《こうとう》（あるいは暴落）するように、ヤマトに嫌がらせをしてきた地域にパニックが起き、青ざめた出雲と吉備が、ヤマトに飛びついたという図式である。

もちろん、根拠がなくてこのような推理を働かせているわけではない。『日本書紀』は金属冶金《やきん》の神・アメノヒボコ（天日槍《あめのひぼこ》・天日矛《あめのひぼこ》）が新羅《しらぎ》から日本にやってきたという、但馬の地に本拠を据えたという。そして但馬のみならず、角鹿《つぬが》（敦賀）の地にも、

アメノヒボコは拠点を築いていたのだが、それは「ヤマト」への交易ルートを確保するためだったからだろう。

問題はアメノヒボコの来日した時期で、それがヤマト建国の直前であったことは、拙著『海峡を往還する神々』（PHP文庫）の中で述べたとおりだ。

ついでまでに述べておくと、アメノヒボコは、新羅からやってきたというが、なぜか「日本的な太陽と金属の神の名」を与えられている。これには理由があって、アメノヒボコは、「鉄を求めて日本から朝鮮半島に渡り、金属冶金の技術を携えてもどってきた人びと」の象徴だったと考えられる。朝鮮半島南部の鉄鉱石を求めて弥生時代の「倭人《わじん》」が群がっていたことは、中国の史料にも、記述がある。アメノヒボコは、このような「日本から渡って、ふたたび日本にもどってきた製鉄の民」であり、だからこそ、「日本的な金属冶金の神」の名を与えられたということになる。

ただし、このあたりの事情も、前掲書の中で触れてあるので深入りしない。

問題は、「但馬の働き」によって、一気にヤマトに注目が集まったということであり、出雲と吉備がヤマト入りし、今度は北部九州と対立的な関係になったであろうことである。

神功皇后《じんぐうこうごう》と邪馬台国の台与《とよ》

こうしてヤマトと北部九州は、敵対関係に入ったと思われる。ただ、この推理を理解していただくためには、もうひとつの仮説を用意しなければならない。それは、『日本書紀』が実在した初代王を、三人に分解してしまっている、ということである。もっとも、この仮説は、他の拙著の中で繰り返し述べてきたことなので、ここでは簡単に説明しておくことにする。

初代神武天皇と第十代崇神《すじん》天皇が同一人物であるという話はすでにした。二度あることは三度ある、ではないが、もうひとり、第十五代応神《おうじん》天皇も、じつは初代王であった可能性が高い。

まず、応神天皇は、博多《はかた》付近で生まれ、ヤマトに移るが、このとき応神天皇のヤマト入りを阻止しようと立ち上がった人たちがいた。この物語は、神武東征とそっくりなのだ。応神と神武は、ヤマト入りの行程までそっくりだ。

さらに問題なのは、応神天皇の母親・神功皇后である。『日本書紀』は、神功皇后の時代に「魏志倭人伝《ぎしわじんでん》」の引用記事を載せている。つまり、八世紀の『日本書紀』編者は、「神功皇后は邪馬台国の卑弥呼《ひみこ》」と考えていた節があるのだ。神功皇后が邪馬台国の女王であれば、応神天皇は、まさにヤマト初代王として相応《ふさわ》しい。

もっとも通説は、神功皇后は七世紀の女帝をモデルに創作された偶像と決めつけているから、この神功皇后と邪馬台国の接点を無視している。

だが、これも拙著『蘇我《そが》氏の正体』(新潮文庫)の中で述べたように、神功皇后は様々な場面で「トヨ」の女神と接点を持っている。さらに、「トヨ」は「海の女神」であり、神功皇后も「海の神宝ヒスイ」とつながるなど、両者をつなぐ接点はあまた見いだせる。

このことから、筆者は、神功皇后は邪馬台国の卑弥呼ではなく、台与《とよ》ではないかと疑っている。「魏志倭人伝」には卑弥呼の死後男王が立ち、このことで情勢が不安定となり、結局卑弥呼の宗女《そうじよ》の台与が立てられたとしているが、この「台与」こそが、神功皇后その人であろう。

そして問題は、卑弥呼の宗女が台与だったという「魏志倭人伝」の記事は、誤りだったということである。そう思う理由は、以下の『日本書紀』の記述に隠されている。

神功皇后は初め北陸の角鹿《つぬが》(敦賀)に滞在していたのだが、九州の地で熊襲《くまそ》が反乱を起こしたと聞き、山陰地方を経由して、北部九州に入り、夫の変死後、甘木《あまぎ》市付近に南下すると、一気に山門県《やまとのあがた》（山門郡）を突き、この地の女首長を滅ぼしたというのである。

邪馬台国北部九州説の最有力候補地・山門の女首長を、邪馬台国の台与とそっくりな神功皇后が攻め滅ぼしたという話は、ようするに畿内ヤマトの台与による北部九州山門（邪馬台国）の卑弥呼殺しなのではあるまいか。

ヤマト建国をめぐる歴史のねじれ

ヤマトに纒向《まきむく》遺跡が出現した当時、吉備がヤマトの中心に立つ一方で、出雲はヤマトと北部九州の橋渡し役のような動きを見せている。

そして、北部九州沿岸地帯は、纒向誕生直後から、すでに「長い物に巻かれよう」と申し合わせたように、纒向型前方後円墳を、新たな埋葬文化として採用しているのである。

また、すでに触れた大分県の日田《ひた》市には、ヤマトと山陰地方の土器が流れ込んでいた。

『日本書紀』に従えば、神功皇后は初め山口県の豊浦宮《とゆらのみや》に拠点を設け、北部九州の出方を見守っていたのだが、北部九州沿岸地帯の首長層たちが、こぞって恭順の意を示してきたという。そしてその地域は、ちょうど纏向型前方後円墳を取り込んだ場所と重なってくるのである。

そうなると、神功皇后の活躍は、纏向出現直後の西日本の状況を、象徴的に表しているのではないかと思えてくる。北部九州の沿岸地帯がまずヤマトに巻き込まれ、内陸部の山門付近は、「あくまで徹底抗戦」を決めたということになる。

沿岸地帯の首長層が、そそくさとヤマトに白旗を掲げたのは、北部九州のアキレス腱《けん》・日田を、早々にヤマト（＋山陰）に握られてしまい、守る手段を失ったからだろう。北部九州沿岸地帯の首長層は、「商業」によって富を蓄えていたのだから、「交易活動さえ認めてもらえるならば、逆らって怪我《けが》をしたくない」という意識が強かったに違いない。

これに対し、高良山《こうらさん》と有明海という戦略上の武器を持っていた山門周辺の首長層は、「まだまだ負けたわけではない」と、強気でいた、ということだろう。しかも、山門の邪馬台国には、「倭国王・卑弥呼」が君臨していて、「卑弥呼を攻めることは、中国の魏《ぎ》を敵に回すこと」と、ヤマトを牽制《けんせい》していたに違いない。

だが、神功皇后が一気呵成《いっきかせい》にけりをつけ、卑弥呼を殺し、その後、一度男王が立って混乱が起きたものの、結局神功皇后＝台与が邪馬台国の王位を継承してしまったのだろう。しかも魏には、「台与は卑弥呼の宗女」と報告し、王家の継承を偽装したのだろう。

ところが、ここから歴史のねじれが始まる。

ヤマト（纏向）建国の中心には「吉備」がいる一方で、山門（邪馬台国）潰《つぶ》しの主役は「北陸から出雲にかけての四隅突出型墳丘墓連合」であった可能性が高いことである。なぜなら、本来ならヤマトから瀬戸内海を通って九州に行くべきところを、『日本書紀』はわざわざ神功皇后を越《こし》（新潟県から北陸）に連れてゆき、そこから日本海をなぞるように行軍させているからである。しかも神功皇后は、「越の特産品」である「ヒスイ」の女神とつながっていた。明らかな「日本海を股《また》にかけた女傑《じょけつ》」なのであり、「吉備」を中心にまとまった「纏向」からみれば、北部九州で「日本海（山陰）の女傑」が、やむを得ぬ流れとはいえ「親魏倭王《しんぎわおう》」の称号を獲得してしまったことは、面白いはずもない。

それに、「ヤマトの吉備」には、恐怖がつのる理由があった。「山陰から北部九州にかけての勢力が、もし関門海峡を封鎖したら」、という疑心暗鬼である。それは、弥生時代後期後葉のヤマトが、北部九州や出雲、吉備に取られていた戦略であり、悪夢の再現になる可能性である。

私見ではここで、ヤマトの吉備＝物部が台与を裏切ったのではないかと考えている。

なぜこのようなことが言えるかというと、理由はいくつか挙げられる。

たとえば、神功皇后の忠臣に武内宿禰《たけのうちのすくね》がいて、この人物は、常に応神天皇に付き従ったことで名高いが、この人物が、ヤマト建国時にヤマトに裏切られていた疑いが強いからだ。というのも、『日本書紀』によれば、武内宿禰が筑紫《つくし》（北部九州）に赴いていたときのこと、弟のウマシウチ（甘美内宿禰《うましうちのすくね》）なる人物が、「武内宿禰は三韓（朝鮮半島南部の国々）と結んで、謀反《むほん》を企《たくら》んでいる」と訴えたという。このため武内宿禰は、殺されかけたのだという。

この事件、「北部九州に行っている間にヤマト（物部）に神宝を奪われた」という出雲振根《いずものふるね》の悲劇によく似ている。しかも、武内宿禰を裏切ったというウマシウチという名前まで、饒速日命の子でヤマト建国後石見《いわみ》に逼塞《ひっそく》したウマシマジ（宇摩志麻治命）にそっくりではないか。

これは偶然ではあるまい。ヤマトを築き上げた「吉備（物部）」にすれば、トヨ（神功皇后）は邪魔で仕方ない。それどころか、トヨが力をつければ、やがて日本海沿岸地帯と関門海峡を抑え、瀬戸内海を殺しにかかるとも限らない。トヨにそのつもりはなくとも、ヤマトに恐怖心が募るのは当然のことだ。そうなれば、相手を潰しにかかるのが人情というものだろう。

結局トヨたちは、ヤマトに裏切られ、北部九州を追われたと考えられる。そして、逃げ落ちた地が、南部九州であり、これが天孫降臨《てんそんこうりん》神話になったはずである。

ヤマト王家誕生の真実の歴史

くどいようだが、このあたりの事情は、すでに『蘇我氏の正体』の中で詳述しているので、私見をそのまま述べていく。

ヤマトでは、おそらく「吉備（物部）」の王家が、いったん誕生していたのだろう。『日本書紀』は、神武東征以前の王は物部氏の祖の饒速日命《にぎはやひのみこと》だったと証言しているからだ。ここにいう神武とは、すなわち南部九州に落ち延びた神功皇后の子の応神である。ところがここで、ヤマトは思いがけないアクシデントに見舞われる。それは、疫《えき》病《びょう》の蔓延《まんえん》である。

『日本書紀』によれば、第十代崇神天皇の時代、人口が半減するほどの恐怖を味わったとい、伊勢外宮《いせげくう》の伝承『倭姫命世記《やまとひめのみことせいき》』によれば、この「疫病の蔓延」は、神武天皇の時代の話だったとしている。いずれにせよ、ヤマト朝廷黎明《れいめい》期の大混乱が、強い記憶で残されていたということだろう。

そこでヤマト朝廷は何をしたかというと、崇神天皇に降りた神託《しんたく》を信じ、実行したのである。それは、疫病の流行が出雲《いずも》神大物主神《しんおおものぬしのかみ》の仕業であること、だから、大物主神の子の大田田根子《おおたたねこ》を探し出し、大物主神を祀《まつ》らせたのだ。すると、神託どおり、疫病は沈静化し、社会は平安を取り戻したというのである。

この話、どうにも不審である。というのも、出雲神の大物主神は、明らかに祟《たた》って出たのであり、これを鎮《しず》めるために、大田田根子が求められたという。「祟り」は、祟られる側にやましい心があったことを意味しているのであって、『日本書紀』のいうところの「出雲神の仕返し」とは、ようするに、越、出雲を経由して北部九州に向かった神功皇后＝トヨの祟りではなかったか。

大物主神の祀られる三輪山の山頂には、高宮《こうのみや》神社があって、祭神は日向御子《ひむかのみこ》という聞き慣れない神だ。

無名なのに、なぜ、ヤマトでもっとも神聖な場所に祀られているのだろう。この神については諸説あって定まらず、よくわかっていない。しかしヤマト黎明の地は纏向

■■出雲神の祟りは神功皇后の祟りだった!?■■

疫病の流行

ヤマト朝廷黎明期の大混乱

▶ 出雲神大《おお》物《もの》主神《ぬしのかみ》の仕業

▼

子の大《おお》田《た》田《た》根《ね》子《こ》を探し出し、大物主神を祀らせる

▼

疫病は沈静化して社会は平安になる

⇩

「祟り」とは「祟られる側」に原因あり!!

⋮

「出雲神の仕返し」

＝

神功皇后＝トヨの祟りだった!?

であり、纏向から仰ぎ見る霊山の祭神が不明というのは納得できない。だが、見方を変えれば、謎《なぞ》はすぐに解ける。

神武天皇は南部九州からヤマトにやってきたといい、これまで通説は、「なぜ王権が南部九州からやってきたのか、意味がわからない」としてきた。だが、三輪山の神が「日向御子」で、神武は「日向からやってきた御子」なのだから、謎はもはやない。神武はトヨの子（あるいは末裔《まつえい》）であり、そのトヨを裏切ったのは、ヤマトの「吉備（物部）」である。だから、人口が半減するほどの恐怖を味わった「吉備（物部）」は、王位を南部九州から連れてきた神武に譲ったということになる。

ヤマト建国が、「祟り」によって成し遂げられ、だからこそ「天皇家に逆らえば祟られる」という幻想が生まれたのではあるまいか。つまり、天皇家の不可侵性は、すでに発足当初から備わっていた可能性が出てくる。すなわち、ヤマトの王は祟るおそろしい鬼だからこそ、連れてこられたのである。

このことは、「神」の名を負った人物の共通点からも割り出せる。それが、神武、崇神、神功皇后、応神天皇の四人である。

これまで、天皇の名に「神」が冠せられていたことには、あまり注意を惹《ひ》かれてこなかった。「天皇の名に神の一文字がつくのは、天皇の活躍を美化したいという気持ちがあったから」程度にしか考えられてこなかったはずだ。

だが、古代の「神」は、恵みをもたらす「善良な神」の意味よりも、祟りをもたらす「恐ろしい鬼」の方が、本質に近かったのだから、「神」の名を負う天皇は、「祟る恐ろしい鬼」だったはずだ。

実際、四人は「祟り」とは密接な関係にある。神武や崇神の時代のヤマトは、「祟る恐ろしい神（疫病）」に震え上がり、かたや神功皇后は、平安時代まで祟る女神と恐れられた。応神天皇は、ヤマト入りを阻止しようと待ちかまえる敵に対し、「御子は亡《な》くなられた」と喧伝《けんでん》し、喪船《もふね》に乗せられたのである。これは、死と再生の呪術とされるが、応神が恨みを抱いて死んだことを示し、敵に「祟る恐ろしい神」を印象づける作戦でもあろう。やはり応神も、「祟り」と強い因果がある。

こう考えると、「吉備（物部）」は「祟るトヨ」に負けたのであり、だからこそ、そそくさと王権を神武に禅譲したのだろう。

もっとも、「吉備（物部）」は、したたかだった。名を捨て実を取ったからである。まず、朝廷の祭祀《さいし》形態は、「物部」のやり方を天皇（大王）に半ば強要し継承させた。そうした上で、「吉備」は河内《かわち》に拠点を移す一方で、出雲の実態を骨抜きにしてしまった。石見と越（北陸から新潟県にかけての地域）に楔《くさび》を打ち込み、トヨのバックボーンであった「山陰地方を中心とする日本海沿岸地帯」を封じ込めたのである。「吉備」にすれば、「王はヤマトで祭祀に専念してもらう」形にし、自らは河内に拠点をつくり、流通を支配すればよいわけである。

河内は、防衛上不利な立地である。だが、もしヤマトの王家が「吉備つぶし」を目《もく》論《ろ》み、河内に攻め込もうとしたとしても、「吉備」はそそくさと河内を捨て、海上に船を浮かべ、瀬戸内海と日本海の流通ルートを封鎖してしまえばよいのだ。こうすれば、ヤマトは手も足も出せまい。

ここに、「ヤマトの司《し》祭《さい》王」と、「河内の交易王」という、二重構造が生まれたのではなかったか。そして、このようなヤマト建国時のストーリーを仮定すると、なぜ神武東征を物部が黙認し、しかも王権を禅譲したのか、なぜ宇摩志麻治命が石見に拠点をつくる必要があったのか、その理由がはっきりとしてくるはずである。

蘇我氏が物部氏を収奪していたとする説

物部氏の謎解きも、いよいよ大詰めである。

最後に片づけておかなければならないのは、「蘇我」との関係がいかなるものだったのか、ということではなかろうか。そしてこのあたりの事情がわかってくると、なぜ八世紀、物部氏が没落したのか、その理由がはっきりする。

さて、通説をそのまま鵜呑《うの》みにすれば、蘇我と物部は「永遠のライバル」、あるいは「水と油」のように感じられる。それもそのはず、六世紀から七世紀にかけて、積極的に仏教を日本に導入しようとした蘇我氏に対し、物部氏は「日本の伝統的な宗教観を守るべきだ」と、頑迷に反発したのだった。そして、物部守屋《もののべのもりや》は蘇我馬子《そがのうまこ》に滅ぼされたのである。

通説は、物部氏はここに滅亡に近いほどの打撃を受けたと解釈している。こののちの物部氏の活躍が、『日本書紀』からほぼ姿を消すからであり、物部の過去の栄光は、ここに埋没したかのようだからである。

たとえば加藤謙吉《かとうけんきち》氏は、『蘇我氏と大和王権』（吉川弘文館）の中で、日本各地の物部とソガ部の分布の重なり具合を克明に調べ上げている。ソガ部の広がりは、大化前代における蘇我氏の地方への発展と進出の状況を投影していると考えたからで、この結果、物部とソガ部の重複があまりにも多いことが判明したという。これは偶然ではなく、物部守屋を滅ぼした蘇我氏は、一気に物部の遺産を収奪していったと指摘している。

蘇我氏と物部氏の地方進出をめぐって、そこに人為的・歴史的な関係が何らかの形で存在したのではないか

といい、次のように蘇我氏を糾弾している。

物部守屋滅亡後、蘇我氏が物部氏の保有した種々の権益に対して行った侵略行為はかなり露骨なものであったと考えなければならない

たしかに、『日本書紀』には、物部守屋が滅びたときのことを、「物部は蘇我に騙《だま》されたのだ」と、蘇我の悪行を罵《ののし》り、次のように語っている。

時《とき》の人《ひと》、相謂《あひかた》りて曰《い》はく、「蘇我大臣《そがのおほおみ》の妻《つま》は、是物部守屋大連《これもののべのもりやのおほむらじ》の妹《いろも》なり。大臣《おほおみ》、妄《みだり》に妻の計《はかりこと》を用《もち》ゐて、大連を殺《ころ》せり

つまり、人びとは口々に、「蘇我大臣（馬子）の妻は、物部守屋の妹だ。馬子は妻

の計略を用いて、守屋をだまし討ちにしたのだ」というのである。また、『日本書紀』皇極二年（六四三）十月の条には、「蘇我入鹿が権勢をほしいままにしたのは、祖母の財があったからだ」といい、祖母は物部弓削大連《ゆげのおおむらじ》（守屋）の妹だったとしている。

こうしてみてみると、加藤氏の指摘は、もっともなことと、うなずけるのである。だが、どうにも引っかかる。というのも、物部系の文書『先代旧事本紀《せんだいくじほんぎ》』が、不審な態度を取っているからだ。「物部守屋は傍流」と位置づけ、本宗家は何食わぬ顔をして生き抜いたとでも言いたげな記述を行っている。

だいたい、こののち物部氏は、石上《いそのかみの》（物部《もののべの》）麻呂《まろ》という大物宰相《さいしょう》を出している。朝堂の最高位左大臣にまで登りつめているのであり、八世紀前半に至るまで、物部氏の隠然たる勢力は衰えていなかったということであろう。そうであるならば、物部守屋滅亡後石上麻呂にいたるまでの「『日本書紀』における物部氏の空白の期間」こそ、謎めくのである。

蘇我を糾弾しない物部という謎

それだけではない。『日本書紀』皇極二年十月の条には、蘇我入鹿の弟を物部大臣《もののべのおおみ》と呼んだとある。祖母が物部系だからというのが理由としても、滅ぼした政敵の名を拝借するというのはあまり常識的ではない。両者は本当に仲が悪かったのだろうか。

『先代旧事本紀』にも、どこか蘇我氏に対する不思議な記述がある。

物部石上贄古連公《もののべのいそのかみのにえこのむらじきみ》と物部連公布都姫夫人《もののべのむらじきみふつひめのおおとじ》との間の娘に物部鎌姫大刀自連公《もののべのかまひめのおおとじのむらじきみ》がいて、この人物は推古《すいこ》天皇の世に「参政《まつりごとあずかり》」となって、神宮を「斎奉《いつきまつ》る」といい、蘇我政権下で物部の女人が大活躍していた様子を伝えている。さらに、宗《そ》我嶋大臣《がしまのおおみ》(蘇我馬子)の妻となり、豊浦大臣《とゆらのおおおみ》を生んだという。そして、豊浦大臣とは、入鹿連《いるかのむらじ》公《きみ》のことだとしている。

どうにも理解しがたいのは、物部氏は守屋の滅亡事件で、蘇我氏を恨んでいたはずなのである。それにもかかわらず、『先代旧事本紀』は、守屋を「あいつは本流じゃない」といいだし、さらに、本来なら隠匿《いんとく》したかったであろう「蘇我入鹿の生みの親は物部だった」という事実を、むしろ誇らしげに系譜に掲げているのである。しかも

■■“仇敵”蘇我氏を恨まない物部氏の不思議■■

物部守屋 ◀ 蘇我氏によって滅亡

↑

物部系の文書
『先《せん》代《だい》旧《く》事《じ》本《ほん》紀《ぎ》』は傍流だといい、
蘇我氏をかばう？

▼

「蘇我入鹿の生みの親は物部」
だと誇っている

⇩

**なぜ物部を滅ぼした蘇我氏に
寛容だったのか？**

『日本書紀』の証言を信じれば、蘇我入鹿は「物部の財力を奪い取って専横をふるった」のである。これほどの屈辱を、なぜ物部氏は糾弾しなかったというのだろう。どうにも理解できない。

こちらはおそらく蘇我系の息のかかった文書であろう『元興寺《がんごうじ》縁起《えんぎ》并《ならびに》流記《るき》資財《しざい》帳《ちょう》』にも、奇妙なことが書かれている。

そこには、大々王《おおおおきみ》という聞き慣れない人物が（おそらく推古天皇ではないかと一般には考えられているのだが）登場し、物部氏と中臣《なかとみ》氏による仏教排斥に耐え、蘇我と物部の対立を仲介するという役回りを負っている。

ここで大々王は、物部氏に向かって「わが眷属《けんぞく》（一族）」と呼びかけ、仏教に帰依《きえ》するように諭し、最終的に物部氏が折れるという内容なのである。そうなると、ここに登場する大々王とは、推古天皇に似ているが、実際には『先代旧事本紀』にいうところの、物部鎌姫大刀自連公ではないかと思えてくるのである。

じつは、このあたりの人脈には、推古朝の歴史を根底から覆《くつがえ》す問題が隠されている。「推古女帝」そのものが、物部的で物部の血が濃かった可能性が出てくることである。憶測にすぎないが、「推古」の「古＝フル」は、物部（石上）とかかわりのある「フル（布留）」を暗示しているのではあるまいか（拙著『「女帝」誕生の謎』講談社）。

それはともかく、加藤氏が述べるように、蘇我氏の物部収奪が、「人の道を踏み外したような行為」であったとしたら、物部はここまで寛容でいられただろうか。七世紀の物部と蘇我の関係は、これまで語られてこなかったもっと違う図式を用いないと、語れないのではあるまいか。

蛇と犬が仲良く死んだという暗号

ここでいったん、話は予想外の場所に飛ぶ。というのも、『日本書紀』にどうしても気になって仕方ない一節があったのだが、物部の謎を調べているうちに、ようやくその謎が解けたからである。

それは、持統天皇の朱鳥《あかみとり》元年(六八六)是歳《ことし》の条である。そこには、次のようにある。

蛇《をろち》と犬《いぬ》と相交《つる》めり。俄《しばらく》ありて倶《とも》に死《し》ぬ

この文章は、前後の脈絡なく唐突に現れる。犬と蛇が交尾し、間もなく死んだ、という、腑《ふ》に落ちない記事である。現実にはありえないのだから、何かを暗示していることはたしかだった。しかし、「犬」「蛇」が何を指すのか、見当が付かなかったのである。

手がかりといえば、この記事が天武天皇の崩御、それに続く大津皇子《おおつのみこ》謀反《むほん》事件の直後に出現していたことだ。

では、この一節を、どのように解釈すればよいのだろう。

すでに拙著『藤原氏の正体』（新潮文庫）の中で詳述したように、藤原（中臣）氏の台頭は、一般に信じられているような中臣鎌足《なかとみのかまたり》の登場には求められない。天武天皇の崩御、これに続く大津皇子の謀反事件（冤罪《えんざい》だが）が大きな意味を持っていたのだ。ここから中臣鎌足の子・藤原不比等《ふじわらのふひと》は持統天皇のもとで頭角を現し、「藤原のための世の中」を構築していくことに成功したからだ。

そうなると、この、朱鳥元年が、知られざる歴史の大転換期といってよく、そのことを指して「犬と蛇が仲良く死んだ」と記すこの一節こそ、不気味な暗示に満ちていたことを匂《にお》わすのである。

そこで、すぐに気づくことがある。それは、「蛇」とは、物部一族を指しているのではないか、ということだ。なぜなら、吉野裕子《よしのひろこ》氏が指摘したように、物部氏は

「蛇」の呪術《じゆじゆつ》に長《た》けていたからである。

もっとも、なぜ天武の死、大津皇子の刑死と物部氏がかかわるのか、不思議に思われよう。

物部と天武朝のかかわりは、二つの側面から考えられる。まず第一に、「尾張《おわり》」と天武の関係である。

尾張氏と物部氏のつながりは、『先代旧事本紀』に詳しい。物部氏の始祖・饒速日命には、ヤマトに降臨する以前、天香語山命《あまのかごやまのみこと》という子があったといい、これが尾張氏の祖だったという。かたやヤマト土着の首長・長髄彦《ながすねひこ》の妹と饒速日命の間に生まれた子が宇摩志麻治命で、こちらが物部氏の祖なのだから、『先代旧事本紀』に従えば、物部の祖と尾張の祖は、腹違いの兄弟という関係になる。

これに対し、『日本書紀』は異なる系譜を掲げるのだが、ヤマト建国の直後、天香語山命と宇摩志麻治命はともに手を携えて日本海を制圧したという物部神社の伝承が、両者のつながりの深さを雄弁に物語っていよう。しかも、越《こし》と石見《いわみ》から出雲《いずも》（日本海連合体）を包囲したという話は理にかなっている。

さらに、「物部は河内に」そして「尾張は尾張（愛知県）に」という布陣も、ヤマトの王家を東西からはさみ、監視する形であり、また、実利をえるための布石である。

こう考えると、物部と尾張は、共通の利害で行動し、ヤマトの主流をなしていた豪族であったことがわかる。この物部氏と強い接点をもつ尾張氏が、天武天皇とつながっている。

たとえば、天武天皇の名・大海人皇子《おおあまのみこ》の「大海人」は、尾張氏の枝族「大海（凡海《おおあま》）氏」と関わりがあると考えられている。天武天皇の殯《もがり》（葬儀）で、大海氏は壬生《みぶ》のこと（皇子の養育にまつわる話）を誄《しのびごと》（哀悼の辞）しているため、天武天皇は大海氏に育てられた可能性が高いのである。

すると「蛇」は、物部、尾張、天武天皇らをさしていたことになる。

もうひとつ、物部と天武王家のつながりも考えられるのだが、このことはもう少し後で述べる。

さてそうなると今度は、「犬」の正体を知りたくなるところだ。

『蘇我氏の正体』の中で述べたとおり、天武天皇と大津皇子は、「蘇我の王家」の色彩が強かった。だからこそ、藤原不比等は「大津皇子潰《つぶ》し」に走ったと考えられるのだが、では、「蘇我の王家」を、『日本書紀』は「犬」にたとえた、ということなのだろうか。

ヤマトの犬といえば思い起こされるのは、朝廷の儀礼で行われる「日向《ひむか》の隼人《はやと》の狗《いぬ》吠《ぼ》え（犬の遠吠えのような声を発すること）」だが、『蘇我氏の正体』の中で、「蘇我と南部九州の隼人には強い因果がある」と指摘しておいた。

たとえば推古天皇は、『日本書紀』で蘇我を称賛し、「日向の駒《こま》」になぞらえている。これは、南部九州の馬のようだ、と称《たた》えていたわけで、「日向＝南部九州」が偶然引っ張り出されたのではなく、蘇我と南部九州のつながりを熟知していたからこそ、推古女帝は「日向の駒」の例を出したのだろう。

そうなると、「日向の隼人の狗（犬）吠え」が、「蘇我」とダブってくる。

藤原不比等が「犬」といって蔑《さげす》んだのは、おそらく「蘇我」であろう。

そうなると、ここで、「犬と蛇が仲良く死んだ」という言葉が、何を意味しているのかを考えなければならない。蘇我と物部が手をつないで死んだなどということがありうるだろうか、そして、なぜそれが、天武天皇と大津皇子の滅亡時に唱えられたというのだろう。

物部氏の目指したもの

さて、近年の研究によって、六世紀から七世紀にかけての制度改革は、じつは蘇我氏が主導的役割を負って推進されていたのではないかと考えられるようになってきた。

私見もこの立場を取り、さらに蘇我氏の役割を積極的に評価し、「蘇我は改革事業を推進し、藤原はこれを邪魔だてした上に、手柄を横取りした」と指摘してきた。

そこで問題となってくるのが、物部氏と尾張氏である。彼らこそ、蘇我氏の改革事業の弊害になった可能性が高いからである。

なんとなれば、律令《りつりょう》制度が整う以前、物部氏と尾張氏の領地を足せば、日本の国土の大半が、彼らの私物ではないかというほど、両者は広大な土地と人民を私有していたからである。

たとえば瀬戸内海の覇権を牛耳っていたのは物部氏（吉備＋河内＋北部九州）であろうし、瀬戸内海を物部氏の手から奪おうとすれば、それこそ、島々に盤踞《ばんきょ》する海人たちを、しらみつぶしに排除していく必要があった。そしてそれは、物理的に不可能だったに違いない。

ところが、もしこのまま、物部氏ら、豪族層に力を与え続ければ、流動化する朝鮮半島情勢に対応できなくなるばかりか、近代化の弊害になると考えた蘇我氏は、中央集権国家の構築を目指したのだろう。もちろん、既得権益を奪われる物部氏にしてみれば、これはたまったものではないし、抵抗を試みれば、わけなく蘇我を潰せただろう。

ちなみにここにいう中央集権国家は、王ひとりに権力が集まる体制をいっているのではない。太政官《だいじょうかん》の合議が前提となる中央集権国家をいっている。

それはともかく、物部守屋と蘇我馬子の対立は、一見して仏教をめぐる争いのように見えるが、根底には、「中央集権国家」か、あるいは、「現状維持」かの争いが横たわっていたはずである。

問題は、負けるはずのない物部守屋が負けたことである。物部氏全体が蘇我氏を追いつめれば、おそらく政権は崩壊していただろう。それにもかかわらず物部が負けたのは、『先代旧事本紀』のいうように、「守屋は傍流」だったからではあるまいか。つまり、ここにいう「傍流」というのは、物部全体が決めた方向性に守屋が背いた、という意味であろう。

物部氏の本当の姿は、このように、「守屋の裏側」に隠されていたのではあるまいか。

「物部を潰さないかぎり、真の改革はできない」

というのが、当時の大問題であり、瀬戸内海を物部氏が握っている以上どうやっても、近代国家の建設は夢のまた夢である。

残された唯一《ゆいいつ》の手段は、「物部を説得すること」にほかならない。

先述の『元興寺縁起幷流記資財帳』には、大々王《おおおおきみ》が物部と中臣を説得する感動的な場面がある。

大々王は、仏像を捨て、寺を焼き、尼僧《にそう》に迫害を加える物部氏たちの所行を前に、「わが眷属よ」と呼びかける。そして、大々王の純粋な信仰心を吐露し、ともに手を携えていこうではないかと訴える。

この言葉に心を打たれた物部氏は、仏教を受け入れたというのである。ここには、『日本書紀』には書かれていなかった、蘇我と物部の和解という歴史が示されている。

この和解は、宗教だけの問題ではあるまい。

「物部がすべてを投げ出してくださらないと、この国は滅びるのです」

と、蘇我の長者は訴え続けたかもしれない。そして物部の長者も、「それならば」と、律令制度の推進に、一族の繁栄をささげたのではなかったか。加藤氏が指摘する「ソガ部」と「物部」の重なりは、ようするに物部の国を思うがゆえの献身と理解すべきであろう。

律令制度の最終目的は、土地の私有を認めないことであり、それまで私有していた土地は、原則的に国家に預けなくてはいけないのである。その最大のネックが、巨大豪族物部氏と尾張氏であり、彼らが首を縦に振らないかぎり、大きな歯車は動き出さなかったのである。

ところが、ここから先、悲劇は起きる。それは、中大兄皇子《なかのおおえのみこ》や中臣鎌足が、改革事業の邪魔だてに入ったことである。それが蘇我入鹿暗殺であり、孝徳朝における要人暗殺である。

この結果、改革事業は頓挫《とんざ》するが、蘇我系天武王朝が、何とか建て直しを図り、律令の完成を急いだのである。

ところが、もう一度、悲惨な事態が待ち受けていた。それは、「王統は私の孫を」と願う持統天皇と、「日本を私物に」と考える藤原不比等が手を組み、天武天皇の遺志を引き継ぐはずだった大津皇子を謀殺《ぼうさつ》してしまったことだった。

ここに、律令制度の目的は、「理想的な国家、強い国家を構築するため」であったのに、実際には「藤原の天下を造るための社会制度」に変質していくのである。

藤原不比等は、「蘇我と物部氏の悲願であった、天武の律令制度を作る」と世間には公約しておき、物部氏を筆頭とする豪族層たちが土地を手放した瞬間、本性をあらわしたのである。

石上（物部）麻呂が、藤原京で憤死するのは、まさに、「すべてを犠牲にして領土

■■ついに露呈した物部氏と蘇我氏の意外な関係■■

『日本書紀』朱鳥元年是歳の条

蛇と犬と相交《つる》めり。俄《しばらく》ありて倶《とも》に死ぬ

［意味］蛇と犬が交尾して、間もなく死んだ

蛇… 物部氏　犬… 蘇我氏

物部氏と蘇我氏は律令制度の推進に献身したが……

中大兄皇子と中臣鎌足が妨害する

豪族たちが手放した土地を横取りした藤原氏

を国に差し出した」瞬間であり、すべての土地が藤原に転がり込むというカラクリが完成した直後のことであった。

藤原不比等が『日本書紀』の中で「犬と蛇が仲良く死んだ」としたためた裏側には、このような物部の屈辱の歴史が下地にあったのである。

おわりに

今回、物部を書くにあたり、急遽《きゅうきょ》、かねてより気になっていた「八尾と物部の考古学」を現地で取材した。

いよいよ「明日八尾へ」という晩、大阪福島の割烹《かっぽう》「きむら」で、筆者は案内をお願いした西森忠幸氏と重岡清氏、それに、旧友田中和寛君を招き、ささやかな前夜祭を開いた。

「どこを案内すればよいのか」

というただ一点に、案内役のお二人は盛り上がり、考古学に対する情熱と饒舌《じょうぜつ》に、こちらはただただ圧倒されるばかりだった。

「物部と八尾が、大好きでたまらない」

という熱気が、まさにオーラのようにめらめらとあたりに立ちこめていたのだ。

「八尾自慢になるかもしれませんが、たっぷりご案内させてもらいますわ」

という、頼もしいお言葉。

当日の取材旅行は、『歴史街道』編集長・辰本清隆氏も加わり、賑《にぎ》やかな道中になった。

おかげで、密度の濃い、そして、有益な情報をいくつも得ることができた。

なかでも印象に残ったのは、松岳山《まつおかやま》古墳だった。

石棺の両側に屹立《きつりつ》する不思議な石の板も謎《なぞ》めくが、それよりも何よりも「大和川が眼下に見下ろせる」こと、ちょうど、ヤマトから河内に降りてきた場所に、まるで関所を設けるかのように、五世紀に巨大な前方後円墳が造営されていたことが大切なのだ。

ここに眠る首長は、恐らく物部系の誰かだろう。問題は「立地」である。

流通の要衝の展望のきく高台に墓を造る例は、いくつも報告されていて、古代の首長層の「癖」だったようなところがある。新潟の弥彦山《やひこさん》の山頂の天香語山命《あまのかごやまのみこと》の墓や、丹後半島の網野銚子山《ちょうしやま》古墳（京都府京丹後市網野町の前方後円墳）に登ってみたことがあるが、日本海を一望のもとに見渡せるその視界の広さに、圧倒された。

だから、松岳山古墳に立ったとき、「物部の思惑」が垣間見《かいまみ》えたような気がしたのである。物部はなぜ河内に陣取ったのか……、それは、物部はヤマトを河内からコントロールしていたということであろう。

この古墳の位置どりから、物部氏のしたたかさを実感し、また、現地に足を延ばさないとわからないことはいっぱいあると痛感した次第である。

なお、今回の文庫化にあたっては、新潮社常務取締役・松田宏氏、新潮文庫編集部・内田諭氏、東京書籍の寺嶋誠氏、アイブックコミュニケーションズの的場康樹氏、歴史作家の梅澤恵美子氏のご尽力を賜りました。あらためてお礼申し上げます。

合掌

文庫版あとがき

幕末の長州藩は関門海峡の一番狭い場所に、砲台を築き、「攘夷《じょうい》」を決行している。元治元年（一八六四）八月のことだ。

狙《ねら》いは良かった。川のような幅の海峡だから、狙い澄まして打ち込めば、当時最先端の欧米の軍艦でも、相当な被害をこうむったにちがいない。だが、長州藩と異国船の備える火器の性能差が何をもたらすのか、攘夷派の志士たちは、その意味に、早く気付くべきであった。

イギリス、フランス、オランダの連合艦隊は、長州藩の揃《そろ》えた大砲の射程距離を嘲《あざ》笑《わら》うかのように、遠方から雨あられと砲弾を打ち込んできた。当然のことながら、これでは勝負にならない。けりはあっけなく付いた。長州藩の挑んだ攘夷戦は、大敗北に終わったのである（馬関戦争）。

余談ながら、大東亜戦争に際し、すでに時代遅れになっていた巨大戦艦に日本がこだわり続けたのは、ひょっとすると、馬関戦争のトラウマだったのではないかと思える節がある。

射程の長い方が圧倒的に有利であることを痛いほど思い知らされた「攘夷派」たちは、巨艦、巨砲に固執し、幻想を抱き続け、航空機の時代に突入していたことに、気付くことができなかったのではあるまいか。航空戦の優位性を説き続けたのが、かつて薩長《さつちよう》軍に抵抗した旧長岡藩出身の山本五十六《いそろく》だったところに、話の妙がある。

それはともかく、馬関戦争ののち講和条約が結ばれたが、よく知られるように、奇兵隊の高杉晋作《しんさく》は「攘夷を唱えたのは徳川幕府」と開き直り、賠償を免れた。また、イギリスの提督が、彦島《ひこしま》の租借を持ちかけてきたのも有名な話だが、ことの重大性に気付いていた人物は、少なかった。

下関市の西南の一角に、小川のような海峡を挟んで、小さな島がある。これが彦島で、このイギリス側の要求を毅然《きぜん》と拒絶したのも、高杉晋作である。

もし仮に彦島が香港《ホンコン》のように九十九年間、イギリスの領土になっていたら、日本の発展はかなり制約されたものになっていただろう。

彦島に巨大な軍事基地と近代要塞が構築されてしまえば、日本の流通はイギリスに牛耳《ぎゆうじ》られたようなものだ。日本の水運の要衝である関門海峡は、水道でいえば蛇口であり、彦島はまさに、蛇口のパッキンの役目を負っている。

軍事戦略という視点でも、彦島は重要な意味を持っていた。日本海と瀬戸内海を分断されてしまえば、日本海軍の戦闘力は、半減する。もし幕末、彦島の租借が押し切られていれば、昭和十六年（一九四一）十二月八日、真珠湾攻撃と同時に彦島の争奪戦が展開されただろう。すると、チャーチルご自慢の戦艦・プリンスオブウェールズは、関門海峡で撃沈されていたかもしれない（実際には、真珠湾攻撃の二日後、マレー沖海戦で、日本の海軍航空隊によって撃沈されている）。

日本の急所が関門海峡であることを一瞬で見抜いたアングロサクソンの戦略眼には、舌を巻く。そして、同じように、彦島の重要性を認識し、これを手放すまいと体をはった高杉晋作も、やはり、一級の人物である。

高杉晋作は最晩年「死んだら、赤間ヶ関の鬼になる」と言い放ったというが、古代から「赤間」を牛耳ってきたのが、「鬼＝モノ」の物部氏であった。長州藩の築いた砲台の周辺は物部氏が握っていたし、その対岸には和布刈《めかり》神社が鎮座し、物部系豪族・赤間氏が祀《まつ》っていたのである。

ようするに、物部氏はすでに千数百年前に「日本を支配するにはここをおさえればよい」と気づき、十九世紀になって、アングロサクソンが物部氏の慧眼《けいがん》にお墨付きを与えた、ということでしかない。

壇《だん》ノ浦《うら》の合戦で源 義経《みなもとのよしつね》に敗れた平家が、九州に逃れるという選択肢を捨て、この地で滅んだのは、海を支配することで繁栄を築いた彼らが、関門海峡を失うことの意味を、十分知っていたからだろう。

ちなみに、佐々木小次郎と宮本武蔵《むさし》が決戦に挑んだのも、彦島にほど近い巌流島《がんりゅうじま》だが、こちらは天下云々《うんぬん》とはまったく関係がない。あしからず。

なお、新潮文庫編集部の内田諭氏、新潮社校閲部の森本章子氏には、『藤原氏の正体』『蘇我氏の正体』『物部氏の正体』三冊の編集・校閲に御尽力いただきました。心からお礼申し上げます。

二〇一〇年三月

関　裕二

主要参考文献一覧

『古事記・祝詞』　日本古典文学大系　（岩波書店）
『日本書紀』　日本古典文学大系　（岩波書店）
『風土記』　日本古典文学大系　（岩波書店）
『萬葉集』　日本古典文学大系　（岩波書店）
『続日本紀』　新日本古典文学大系　（岩波書店）
『魏志倭人伝・後漢書倭伝・宋書倭国伝・隋書倭国伝』　石原道博編訳　（岩波書店）
『旧唐書倭国日本伝・宋史日本伝・元史日本伝』　石原道博編訳　（岩波書店）
『三国史記倭人伝』　佐伯有清編訳　（岩波書店）
『先代舊事本紀訓註』　大野七三編　（新人物往来社）
『日本の神々』　谷川健一編　（白水社）
『神道大系　神社編』　（神道大系編纂会）
『古語拾遺』　斎部広成著　西宮一民編　（岩波文庫）
『藤氏家伝　注釈と研究』　沖森卓也　佐藤信　矢嶋泉　（吉川弘文館）

『日本書紀　一〜三』新編日本古典文学全集（小学館）
『古事記』新編日本古典文学全集（小学館）
『前方後円墳と吉備・大和』近藤義郎（吉備人出版）
『大嘗祭』吉野裕子（弘文堂）
『吉備の古代史』門脇禎二（NHKブックス）
『日本の歴史02　王権誕生』寺沢薫（講談社）
『日本の古代　前方後円墳の世紀』森浩一編（中公文庫）
『白鳥伝説』谷川健一（集英社文庫）
『高良山史』太田亮（石橋財団）
『女王卑弥呼の国』鳥越憲三郎（中公叢書）
『物部・蘇我氏と古代王権』黛弘道（吉川弘文館）
『古代人のコスモロジー』谷川健一（作品社）
『古代出雲王権は存在したか』松本清張編（山陰中央新報社）
『柳田國男全集　六』（筑摩書房）
『弥生時代の鉄器文化』川越哲志（雄山閣）
『吉備津神社』藤井駿（日本文教出版）

『吉備』　門脇禎二・狩野久・葛原克人編　（吉川弘文館）
『河内王権の謎』　近江昌司編　（学生社）
『考古学から見た邪馬台国の東遷』　奥野正男　（毎日新聞社）
『律令貴族と政争』　木本好信　（塙選書）
『河内どんこう』　（やお文化協会）
『日本国家の成立と諸氏族　田中卓著作集2』　田中卓　（国書刊行会）
『日本書紀研究　第二冊』　三品彰英編　（塙書房）
『新邪馬台国論』　大和岩雄　（大和書房）
『古代日本正史』　原田常治　（同志社）
『日本横穴式石室の系譜』　土生田純之　（学生社）
『神々の体系』　上山春平　（中公新書）
『桃太郎の母』　石田英一郎　（講談社）
『桃太郎と邪馬台国』　前田晴人　（講談社現代新書）
『出雲の古代史』　門脇禎二　（ＮＨＫブックス）
『蘇我氏と大和王権』　加藤謙吉　（吉川弘文館）

この作品は平成十八年九月東京書籍より刊行され、
文庫化にあたり加筆修正したものである。

関裕二著 **藤原氏の正体**

藤原氏とは一体何者なのか。学会にタブー視され、正史の闇に隠され続けた古代史最大の謎に気鋭の歴史作家が迫る。

関裕二著 **蘇我氏の正体**

悪の一族、蘇我氏。歴史の表舞台から葬り去られた彼らは何者なのか？　大胆な解釈で明らかになる衝撃の出自。渾身の本格論考。

関裕二著 **古事記の禁忌《タブー》 天皇の正体**

古事記の謎を解き明かす旅は、秦氏の存在、播磨の地へと連なり、やがて最大のタブー「天皇の正体」へたどり着く。渾身の書下ろし。

梅原猛著 **隠された十字架**
—法隆寺論—
毎日出版文化賞受賞

法隆寺は怨霊鎮魂の寺！　大胆な仮説で学界の通説に挑戦し、法隆寺に秘められた謎を追い、古代国家の正史から隠された真実に迫る。

梅原猛著 **水底の歌**
—柿本人麿論—
大佛次郎賞受賞（上・下）

柿本人麿は流罪刑死した。千二百年の時空を飛翔して万葉集に迫り、正史から抹殺された古代日本の真実をえぐる梅原日本学の大作。

梅原猛著 **天皇家の〝ふるさと〟日向をゆく**

天孫降臨は事実か？　梅原猛が南九州の旅で記紀の神話を実地検証。戦後歴史学最大の〝タブー〟に挑む、カラー満載の大胆推理紀行！

井上靖著

後白河院

武門・公卿の覇権争いが激化した平安末期に、権謀術数を駆使し政治を巧みに操り続けた後白河院。側近が語るその謎多き肖像とは。

井上靖著

敦煌（とんこう）

毎日芸術賞受賞

無数の宝典をその砂中に秘した辺境の要衝の町敦煌——西域に惹かれた一人の若者のあとを追いながら、中国の秘史を綴る歴史大作。

井上靖著

あすなろ物語

あすは檜になろうと念願しながら、永遠に檜にはなれない〝あすなろ〟の木に託して、幼年期から壮年までの感受性の劇を謳った長編。

井上靖著

風林火山

知略縦横の軍師として信玄に仕える山本勘助が、秘かに慕う信玄の側室由布姫。風林火山の旗のもと、川中島の合戦は目前に迫る……。

井上靖著

氷壁

前穂高に挑んだ小坂乙彦は、切れるはずのないザイルが切れて墜死した——恋愛と男同士の友情がドラマチックにくり広げられる長編。

井上靖著

天平の甍

芸術選奨受賞

天平の昔、荒れ狂う大海を越えて唐に留学した五人の若い僧——鑒真来朝を中心に歴史の大きなうねりに巻きこまれる人間を描く名作。

新潮文庫最新刊

松原始著
カラスは飼えるか
頭の良さで知られながら、嫌われたりもするカラス。この身近な野鳥を愛してやまない研究者がカラスのかわいさ面白さを熱く語る。

五条紀夫著
クローズド
サスペンスヘブン
俺は、殺された――なのに、ここはどこだ？天国屋敷に辿りついた6人の殺人被害者たち。「全員もう死んでる」特殊設定ミステリ爆誕。

A・ハンセン
M・ヴェンブラード
久山葉子訳
脱スマホ脳
かんたんマニュアル
集中力がない、時間の使い方が下手、なんだか寝不足。スマホと脳の関係を知ればきっと悩みは解決！ 大ベストセラーのジュニア版。

奥泉光著
死神の棋譜
将棋ペンクラブ大賞
文芸部門優秀賞受賞
名人戦の最中、将棋会館に詰将棋の矢文を持ち込んだ男が消息を絶った。ライターの〈私〉は行方を追うが。究極の将棋ミステリ！

逢坂剛著
鏡影劇場
（上・下）
この〈大迷宮〉には巧みな謎が多すぎる！不思議な古文書、秘密めいた人間たち。虚実入れ子のミステリーは、脱出不能の〈結末〉へ。

白井智之著
名探偵のはらわた
史上最強の名探偵VS.史上最凶の殺人鬼。昭和史に残る極悪犯罪者たちが地獄から甦る。特殊設定・多重解決ミステリの鬼才による傑作。

新潮文庫最新刊

木内 昇著
占《うら》
いつの世も尽きぬ恋愛、家庭、仕事の悩み。"占い"に照らされた己の可能性を信じ、逞しく生きる女性たちの人生を描く七つの短編。

武田綾乃著
君と漕ぐ5
―ながとろ高校カヌー部の未来―
進路に悩む希衣、挫折を知る恵梨香。そして迎えたインターハイ、カヌー部みんなの夢は叶うのか――。結末に号泣必至の完結編。

中野京子著
画家とモデル
―宿命の出会い―
画家の前に立った素朴な人妻は変貌を遂げ、青年のヌードは封印された――。画布に刻まれた濃密にして深遠な関係を読み解く論集。

D・ヒッチェンズ
矢口 誠訳
はなればなれに
前科者の青年二人が孤独な少女と出会ったとき、底なしの闇が彼らを待ち受けていた――。ゴダール映画原作となった傑作青春犯罪小説。

北村 薫著
雪 月 花
―謎解き私小説―
ワトソンのミドルネームや"覆面作家"のペンネームの秘密など、本にまつわる数々の謎。手がかりを求め、本から本への旅は続く！

梨木香歩著
村田エフェンディ滞土録
19世紀末のトルコ。留学生・村田が異国の友人らと過ごしたかけがえのない日々。やがて彼らを待つ運命は。胸を打つ青春メモワール。

物部氏《もののべし》の正体《しょうたい》

新潮文庫　せ－13－3

平成二十二年六月一日発行
令和五年四月十日九刷

著者　関《せき》裕《ゆう》二《じ》

発行者　佐藤隆信

発行所　株式会社新潮社

郵便番号　一六二－八七一一
東京都新宿区矢来町七一
電話　編集部(〇三)三二六六－五四四〇
読者係(〇三)三二六六－五一一一
https://www.shinchosha.co.jp

価格はカバーに表示してあります。

乱丁・落丁本は、ご面倒ですが小社読者係宛ご送付ください。送料小社負担にてお取替えいたします。

印刷・錦明印刷株式会社　製本・錦明印刷株式会社

ISBN978-4-10-136473-5 C0121